钢铁企业价值创造与盈利模式变化趋势

戴淑芬　著

北　京
冶　金　工　业　出　版　社
2012

内容提要

本书通过分析“十二五”以至未来几十年中国宏观经济的主要发展趋势，以及面对世界宏观经济发展的新形势和钢铁工业工艺技术发展的新阶段，联系我国钢铁企业的实践，介绍了钢铁企业竞争力要素结构已经发生并且未来可能发生的变化，阐述钢铁企业未来盈利模式的变化趋势。

本书可供钢铁企业中高层管理人员、冶金行业企事业发展研究部门人员、市场研究人士、咨询行业人士和投资专家等阅读参考。

图书在版编目(CIP)数据

钢铁企业价值创造与盈利模式变化趋势／戴淑芬著．—北京：冶金工业出版社，2012.7

ISBN 978-7-5024-6012-9

Ⅰ.①钢…　Ⅱ.①戴…　Ⅲ.①钢铁企业—企业利润—研究—中国　Ⅳ.①F426.31

中国版本图书馆 CIP 数据核字(2012)第 148431 号

出 版 人　曹胜利
地　　址　北京北河沿大街嵩祝院北巷 39 号，邮编 100009
电　　话　(010)64027926　电子信箱　yjcbs@cnmip.com.cn
责任编辑　杨盈园　美术编辑　彭子赫　版式设计　孙跃红
责任校对　卿文春　责任印制　张祺鑫
ISBN 978-7-5024-6012-9
三河市双峰印刷装订有限公司印刷；冶金工业出版社出版发行；各地新华书店经销
2012 年 7 月第 1 版，2012 年 7 月第 1 次印刷
850mm×1168mm　1/32；6.25 印张；167 千字；191 页
25.00 元
冶金工业出版社投稿电话：(010)64027932　投稿信箱：tougao@cnmip.com.cn
冶金工业出版社发行部　电话：(010)64044283　传真：(010)64027893
冶金书店　地址：北京东四西大街 46 号(100010)　电话：(010)65289081(兼传真)
（本书如有印装质量问题，本社发行部负责退换）

前言

中国改革开放30多年来，钢铁工业迅速发展壮大，1996年钢产量首次突破1亿吨而一举成为世界最大产钢国。进入新世纪以来，钢铁工业顺应国民经济高速增长、工业化、城镇化等带来的钢材需求旺盛，钢产量更加突飞猛进，几乎每一两年便跨上一个亿吨台阶，2011年粗钢产量达到6.83亿吨，几乎是全球产钢量的一半，成为名副其实的钢铁大国。然而，2008年下半年以来，受国际金融危机和钢铁产能扩张节奏明显超前的影响，以及由此带来的国内钢材市场竞争加剧，导致在国内钢材需求继续增长的情况下，钢铁行业的利润总额与销售利润率明显下滑。2009年，利润总额同比下降29.07%，销售利润率仅为2.44%；2010年和2011年的销售利润率分别为3.14%和2.42%。钢铁工业的爆发式增长也带来了一系列其他问题，如钢铁工业盲目扩建、铁矿石对外依存度过高、原燃料价格上升、高污染和高能耗的粗放式发展模式等。一系列情况表明，我国钢铁工业的过快发展已经透支了行业自身的调整能力，成为工业领域盈利能力最差的行业之一。我国钢铁行业基本告别过去以量取胜的时代，要实现可持续发展，钢铁企业需要面向未来，重新审视中国钢铁工业几十年来的盈利模式、价值创造体系和竞争力要素，寻求新的盈利增长点和盈利措施。

本书着眼于中国钢铁工业的未来发展研究和探讨钢铁企业需要关注的价值创造体系与盈利模式变化趋势问题，首先从中国宏观经济发展趋势分析出发，探讨了中国未来产业结构升级、制造业服务化转型、信息化渗透、低碳化发展以及国际化深入等趋势给钢铁企业变革和创新价值创造体系及盈利模式带来的机遇和挑战；然后在中国宏观经济趋势和全球钢铁工业发展新形势分析的基础上，从未来钢铁企业的功能分析出发，对钢铁企业的功能定位、价值创造体系、竞争力要素的变化趋势进行了分析和探讨，并最终从产业链视角、钢铁企业的能源转换和资源再利用功能视角、技术创新视角、全球化和国际化以及无边界组织形式视角阐述了未来钢铁企业的盈利模式变化趋势。

本书是基于两项课题研究的基础上完成的（国家社科基金课题：中国钢铁工业发展循环经济的机制与对策研究(08BJY069)；宝钢集团有限公司：钢铁2050—钢铁工业价值体系重构与钢铁企业盈利模式变化趋势)。在本书的编写过程中，北京科技大学东凌经济管理学院的博士研究生韩晓磊、郝雅琦和硕士研究生皮雯韵参与了大量的资料收集、调研和内容整理工作，在此表示感谢！

作　者

2012年5月

目　录

第一章

中国宏观经济发展趋势分析

改革开放以来,我国经济取得了长足发展。特别是1992年党的十四大以后,我国进入了以建立市场经济体制为发展目标的阶段,市场经济体制在随后的近20年中成为我国经济能够持续保持快速发展的重要支撑。2010年,我国经济继续实行积极的财政政策和适度宽松的货币政策,保持宏观经济政策的连续性和稳定性,促进我国经济景气稳步复苏。进入2011年以来,国家经济政策转向积极的财政政策和稳健的货币政策,国民经济继续朝着预期方向发展。我国需求的增长带动了包括韩国和中国台湾地区在内的其他亚洲经济体的复苏。新兴经济体的投资和基础设施开支将持续拉动钢铁需求。在发达经济体,房地产市场和投资疲软将会导致经济复苏对钢铁需求的拉动效应不大,未来相当长一段时期发达经济体的强劲复苏尚无法预见。危机对钢铁行业的整体影响是钢铁需求量的增长放缓,中国作为新兴经济体的重要性不断凸显。

"十二五"以至未来40年左右将是中国进一步发展的关键时期,在这期间不仅面临国内继续深化改革的压力、能源资源约束和国际上各种不确定性的影响,也存在很多重要的机遇。在这种复杂的情境下,我国钢铁工业发展战略选择显得尤为重要。本书通过分析中国宏观经济在未来的一些发展趋势,包括产业结构升级、制造业服务化转型、信息化渗透、低碳化发展以及国际化深入等,了解和掌握这些新的发展趋势对于我国钢铁工业后期发展的作用和影响。

第一节　产业结构升级

所谓产业结构,就是各产业在其经济活动过程中形成的技术经济联系，以及由此表现出来的一些比例关系。其中，“技术经济联系”从质的角度规定了各产业之间的组合关系，是各产业经济活动的内在规律所决定的；“比例关系”则从量的方面反映了各产业在整个产业结构系统中的地位，是各产业经济活动的外在表象。

产业结构升级是指产业由低层次向高层次的转换过程，它不仅包括产业产出总量的增长，而且包括产业结构的高度化。产业结构高度化的特征：（1）产业结构顺着第一、二、三次产业优势地位顺向递进的方向演进；（2）产业结构的发展顺着劳动密集型产业、资本密集型、技术（知识）密集型产业分别占优势地位顺向递进的方向演进；（3）产业结构的发展顺着低附加值产业向高附加值产业方向演进；（4）产业结构的发展顺着低加工度产业占优势地位向高加工度产业占优势地位方向演进。

推动产业结构升级的主要手段包括通过技术创新改造传统产业、开发新兴产业；通过引进外资，利用外国现有资本和技术促进产业技术进步以及制定符合国情的产业政策，选择好主导产业等。下面将在分析我国产业结构升级现状、我国产业结构升级面临的新形势和新任务以及我国产业结构升级趋势及阶段性新特点的基础上，进一步阐述产业结构升级对我国钢铁工业的影响。

一、中国产业结构升级现状

新世纪以来，我国经济呈现高速增长态势、产业结构呈现一幅多元而复杂的图景。一方面，我国产业发展的基础、规模、技术水平得到明显提升；另一方面，我国产业结构性矛盾依然突出。总结近10年来我国产业结构演进的主要特征，产业结构升级现状包括以下几个方面。

（一）产业结构有所改善

2010年中国的产业结构，其第一、第二、第三产业的比重分别为10.2%、46.8%、43.0%，与2000年的15.1%、

45.9%、39.0%相比，表现出第一产业比例明显下降、第二产业略有提高、第三产业有明显提高的特征（见表1-1）。经济增长的格局发生了很大变化，以往过度依赖工业的局面有所改变。但是服务业增加值占GDP的比重不仅低于中等收入国家54%的平均水平，甚至低于低收入国家52%的平均水平。服务业发展自2003年以来表现出徘徊不前，直到2009年才开始有了明显的提高。

表1-1 2000~2010年我国三大产业占国内生产总值比重（%）

年 份	第一产业比重	第二产业比重	第三产业比重
2000	15.06	45.92	39.02
2001	14.39	45.05	40.46
2002	13.74	44.79	41.47
2003	12.80	45.97	41.23
2004	13.39	46.23	40.38
2005	12.12	47.37	40.51
2006	11.11	47.95	40.94
2007	10.77	47.34	41.89
2008	10.73	47.45	41.82
2009	10.35	46.30	43.36
2010	10.20	46.80	43.00

数据来源：《中国统计年鉴》。

从就业结构来看，过去10年，由于第二和第三产业劳动生产率的不断提高，促使了劳动力从第一产业向第二和第三产业的持续转移。第一产业的就业比重从20世纪末的50%降低到2009年的38.1%，绝对数量也从3.6亿人下降到2.97亿人，减少了17.5%。与此同时，工业，尤其是服务业吸纳的就业人员快速增长。截至2009年末，服务业从业人员比例从20世纪末的27.5%提高到34.1%。不过，与产出结构相比较，我国第一产业的就业人口比重仍然较大。

（二）重化工业快速发展

2002 年以后，随着居民消费结构升级进入以住房和汽车消费为主导、城镇化加快发展的新阶段，重化工业增长速度不断加快，呈现了重化工业快速发展的阶段性特征。2000 ~ 2008 年，轻重工业比例从 49.2∶50.8 变化到 29∶71，重工业比重提高了近 20 个百分点。

2009 年，我国工业内部的采掘业、轻型加工业、原材料加工业、机械设备制造业、高技术产品制造业及其他行业六大类占工业产值的比例分别为 6%、23.5%、35.7%、15.7%、16.9% 和 2.2%。其中，装备制造业加快发展，2000 ~ 2009 年，装备工业固定资产净值总量扩大了 1 倍左右，而主要产品产量扩大了 5 倍，从而表明单位资本的产出能力提高了两倍以上，技术水平和规模经济的提高，明显增强了装备制造业的国际竞争力，装备产品出口持续快速增长。高技术产业占比相对稳定，经过 20 世纪最后 10 年的快速增长后，近年来以信息产业为主导的高技术制造业增速明显放慢，占比在 2000 年 20% 的水平上逐年小幅回落，但随着推动新一代信息技术以及深度应用、生物技术产业等发展，具备加快发展的条件和潜力。轻型加工业占比正逐步降低。

（三）生产性服务业比重偏低

近 10 年来，服务业内部结构发生了明显变化：交通、批发零售、餐饮等传统服务业结构升级速度加快，文化、体育、会展、教育培训、中介服务、动漫、创意等新兴服务业发展迅速，物流、金融、信息服务等生产性服务业的带动作用开始显现，大大提升了服务业对国民经济特别是对制造业的支撑能力。

另外，生产性服务业在我国国民经济和服务业中所占比重呈现持续上升态势。生产性服务业增加值占 GDP 比重由 2004 年的

15.1%，提高到 2008 年的 15.9%；占服务业比重也由 37.3% 上升到 38.0%。生产性服务业年均增速 20.4%，高出生活性服务业 5.2 个百分点。从生产性服务业内部来看，比重最大的仍是传统的交通运输和邮电通信业，其次是金融业、信息传输、计算机服务、软件业、租赁业和商务服务业。与发达国家相比，我国生产性服务业发展仍然滞后。从服务业的就业结构看，尽管生产性服务业就业规模不足服务业就业总量的 1/3，但其年均增速大大高于生活性服务业，2004～2008 年生产性服务业就业增速为 2.8%，而生活性服务业年均增速仅为 1.4%。

二、中国产业结构升级面临的新形势和新任务

对我国产业结构升级过程来说，“十二五”及今后相当长的一段时期既是战略机遇期，也是矛盾突显期。我国的产业结构升级将逐步显现新阶段的特征，并随之出现新问题和新矛盾。

（一）既有内生增长机制有待改善

消费结构升级和城镇化加快，是中国经济的内生增长力量，这是“十二五”乃至今后一段时间，中国经济能够实现较快增长的基础和前提。从我国经济发展的外部环境来看，更为重要的是正在发生一些具有中长期意义的结构性新变化。主要包括发达国家对投资、消费、出口进行结构性调整，特别是美国依靠过度负债消费（消费占 GDP 的比例为 70% 左右）支撑经济增长的模式将发生改变，而且这一调整过程（主要是家庭负债表的调整）至少要经历 10 年；此外，一些发达国家调整实体经济和虚拟经济的关系，试图实现制造业复兴。

（二）传统的低成本竞争优势逐步削弱

我国在国际竞争中依靠低成本的优势难以长期维系，劳动力、土地等要素成本出现快速上升，劳动年龄人口供给增长率下

降，“人口红利”正逐步消失。虽然低成本优势在短时间内还难以完全丧失，但需要在维护好原有比较优势的同时，形成新的竞争优势。未来几年，是我国竞争优势实现战略转型的关键时期，一方面要维护既有的竞争优势，另一方面要培育、确立新的竞争优势。

（三）资源环境压力持续加大

国际经验表明，能源消费的增长速度与经济发展阶段直接相关，在工业化的快速发展过程中，特别是工业化的中期阶段，单位 GDP 能耗面临不断增加的压力。“十一五”单位 GDP 能耗累计下降 19.1%，从技术节能和结构节能这两大节能途径看，技术节能的贡献率约 80%，结构节能的贡献率为 20%。而技术节能途径中，通过“关小”和淘汰落后生产能力发挥重要作用。“十二五”时期，国家提出到 2015 年，全国万元国内生产总值能耗比 2010 年下降 16%，节能减排的难度明显加大，必须显著提高结构节能的贡献率。

除此之外，我国还面临应对气候变化的新挑战，并对经济社会发展产生深刻的影响。在 2030 年之前，我国的二氧化碳排放总量不大可能达到峰值后出现下降。气候变化问题既给我国带来了发展低碳产业、低碳技术的新机遇，也加大了经济发展的成本。

（四）重化工业拉动作用下降

“十二五”时期将面临供求关系的新变化，经过“十五”下半期和“十一五”时期重化工业的高速发展，解决了部分重化产品的短缺。“十二五”时期以及今后相当长的时期，我国经济发展的动力来自两个方面：其一是传统产业的转型升级，明显加剧的传统产业供需矛盾，需要从转型中求发展、升级中求空间；其二是亟待发展新兴战略性产业，虽然重化产业对经济发展的拉动作用依然存在，但力量和潜力都将减弱，需要实现战略性接替，为经济发展提供持续的动力。

（五）后金融危机产业结构调整和科技革命

纵观世界上的主要经济体，新技术革命加快了全球产业结构调整的步伐。金融危机发生后，美、欧、日等国家高度重视新能源、生物技术、信息等产业的发展，通过大力度支持新兴产业的发展，以应对当前的金融危机和长期的气候变化这两大全球性危机，在解决能源安全、气候变化等关键问题的同时，为经济发展寻找新空间，创造新的就业机会，并占据全球竞争的制高点。愈加清晰的发展趋势是，全球处在新能源及低碳技术等领域科技革命的前夜，全球经济也处在向绿色经济、低碳经济转型的孕育期。

三、中国产业结构升级趋势及阶段性新特点

在分析我国产业结构升级现状及产业结构升级面临的新形势和新任务的基础上，结合“十二五”规划中关于产业结构升级的相关内容，借鉴国务院发展研究中心产业经济研究部“‘十二五’及2020年我国产业结构变动研究”课题的成果，对我国产业结构的升级趋势做出如下预测。

（一）“十二五”时期及2020年产业结构变动趋势

“十二五”期间产业结构向好的方向转变的趋势进一步增强，“十三五”时期（即2015～2020年）结构调整的效果和变动的幅度将更加明显。具体而言，未来五年，第一产业占比将继续小幅下降，第二产业和第三产业比重将有所调整。第一产业将以每年0.4个百分点继续下降，预计“十二五”期末占比将为8%左右，第二产业、第三产业占比预计为45.0%、47.0%。而“十三五”时期服务业将进一步快速发展，预计2020年服务业在国民经济中所占比例将明显高于第二产业。1995～2020年产业结构预测见表1－2。

表1-2　1995~2020年产业结构预测　（%）

年份	第一产业	第二产业	第三产业
1995	19.9	47.2	32.9
2000	15.1	45.9	39.0
2005	12.1	47.4	40.5
2009	10.3	46.3	43.4
2015	8.0	45.0	47.0
2020	6.0	42.0	52.0

资料来源：国家统计局，国务院发展研究中心产业经济研究部。

“十二五”~“十三五”期间，工业内部结构也将发生重要变化，机械设备制造业、高技术产业占比将有所提高，原材料加工业仍占有较高比重（见表1-3）。

表1-3　2015~2020年末工业产出结构预测　（%）

年　份	2015	2020
采掘业	4.5	4.0
轻型加工业	20.0	18.0
原材料加工业	33.0	32.0
机械设备制造业	17.0	19.0
高技术产品制造业	20.7	25.0
其他行业	4.8	2.0

资料来源：国务院发展研究中心产业经济研究部。

“十二五”及以后一个时期内，生产性服务业占服务业增加值比重将会继续上升，并且增长幅度要快于“十一五”时期。到2015年，生产性服务业增加值占服务业比重将上升到44.8%；生活性服务业占服务业比重将有所下降，到2015年将降到55.2%。2008~2020年服务业内部产值结构预测见表1-4。

表1－4 2008～2020年服务业内部产值结构预测 （%）

年　份	2008	2015	2020
生产性服务业占比	38.0	44.8	48.3
生活性服务业占比	62.0	55.2	51.7

资料来源：《中国统计年鉴2008》，国务院发展研究中心产业经济研究部。

（二）工业化将处在由中级阶段向高级阶段的过渡期

“十二五”时期我国的工业化进程将出现新的阶段性变化，即处在由中级阶段向高级阶段的过渡期。展望“十二五”末，第二产业的占比将下降到45%左右，有可能出现第二产业、第三产业占比相近、第三产业略高于第二产业的情况；第一产业的就业比重将下降到22.5%左右。由前两个判据可以得出，我国将表现出由工业化中级阶段向高级阶段过渡的特征。

四、中国产业结构升级对钢铁工业的影响

国家产业结构决定钢材消费结构，钢材消费结构决定钢材生产结构，是钢铁工业发展遵循的基本规律。“十二五”规划中提到“坚持走中国特色新型工业化道路，适应市场需求变化，根据科技进步新趋势，发挥我国产业在全球经济中的比较优势，发展结构优化、技术先进、清洁安全、附加值高、吸纳就业能力强的现代产业体系。”并特别提出，“冶金行业要立足国内需求，严格控制总量扩张，优化品种结构，在产品研发、资源综合利用和节能减排等方面取得新进展。”下面分别从钢铁行业自身发展以及新兴产业对钢铁工业的影响来具体分析我国产业结构升级对钢铁工业的影响。

（一）钢铁行业自身结构调整

钢铁产业自身结构调整包括产能方面、资源方面、产品结构调整方面、节能减排方面和组织结构调整方面。

（1）产能方面。当前，我国钢铁行业总的生产能力已经大于市场需求，特别是部分工艺落后、污染较重企业的存在对行业的健康发展形成较大的负面影响，因此，国家淘汰落后产能政策是必要的。另外，我国还处于工业化发展过程之中，对钢材的需求在近期仍将保持增长的趋势。结合前部分产业结构升级和相关研究机构的成果，认为从总量来看可能在2020年前后我国钢铁产量达到峰值。由于我国经济发展的不平衡性，今后一段时间内板管比不会发生实质性变化，而钢铁行业产能和结构也将在市场和政策的双重规制下实现有序转变。

（2）资源方面。根据目前国内外主要在建项目的分析，从中期来看，预计全球铁矿石供给在2013～2015年将发生转变，那时铁矿石价格有望进入下降通道。从我国铁矿石发展历程来看，通过实施“两个市场”战略，一方面增加国内铁矿石勘探和开采，另一方面通过进口和直接投资获取海外铁矿石资源。2001年政府鼓励国内企业长期获得海外自然资源，其中也包括财政支持。2007年我国海外直接投资增长，未来还将持续增长。除了在澳大利亚大量投资之外，我国企业也开始投资非洲和南非的矿产资源。2009年1月国家发布2008～2015年全国矿产资源规划，提出对重要紧缺矿产资源的勘查和开采采取鼓励性政策措施，意味着确保矿产资源的稳定供应。未来我国在扩大国内铁矿石产量的同时，还将提高国外资源的投资力度。

从长期来看，铁矿石和钢铁行业之间的博弈很难预测，影响因素主要有以下几点：一是全球铁矿石的开采规模和成本；二是废钢资源的供给和循环利用；三是新兴经济体的发展趋势。

（3）产品结构调整方面。钢材产品结构将随下游需求的转变而调整。特别是新兴产业的发展将对钢铁发展方向产生较大影响。未来钢铁工业将以高品质及细分品种，以及高强型、长寿型、环保型钢铁材料为主，品种结构不断优化，并在优化品种结构的基础上，优化装备结构和工艺结构。

（4）节能减排方面。过度依靠资源消耗来获得经济增长的方式必将受到较大限制。我国作为全球经济的主要组成部分，于2009年在哥本哈根会议上承诺到2020年单位GDP二氧化碳排放比2005年下降40%~45%。我国人大通过了《中国应对气候变化国家方案》、《中华人民共和国节约能源法》、《中华人民共和国环境保护法》等一系列的政策。即使“十二五”时期不再颁布新的政策法规，在现有政策的约束下，我国面临的约束已经比较严格。以碳排放强度来看，“十二五”、“十三五”时期累计降低幅度应超过2005年排放强度的20%，任务非常重；从能源消耗来看，“十二五”时期我国仍将面临巨大的能源需求，降低能源消耗强度是重中之重。钢铁行业面临资源消耗与环境保护的双重压力，只有通过产业升级和结构优化才可能实现可持续的发展。

我国的资源禀赋和面临的国际环境已经不允许继续依靠粗放式方式来发展，唯有大力实施节能减排才是出路。可以说，节能减排将是钢铁行业较长时期内不断追求的目标，大量新工艺、新技术的革新将以此为核心展开。非高炉炼铁、短流程炼钢、关注全生命周期的低碳产品很可能取得积极成果。

(5) 在产业组织结构调整方面。钢铁产业集中度将继续提高，部分中小型钢铁企业或被大型钢铁企业集团重组、或自行整合为钢铁大型钢铁集团，部分大型钢铁企业也将被特大型钢铁企业集团重组。而一部分有特色的钢铁企业将有可能凭借产品和成本优势开拓部分细分市场而继续生存。

(二) 新兴产业对钢铁工业的影响

“十二五”规划将发展战略性新兴产业作为转变发展方式的重要抓手，通过对国内外钢铁产业的研究分析，战略性新兴产业的崛起将促使国内经济发展方式出现一定的变化，进而影响到钢材的消费量。但应该强调的是，战略性新兴产业不仅影响到传统钢铁产品的消费和需求，而且将打开新型和高端钢铁产品的下游市场，从而促使生产和制造相关产品的钢铁企业得到发展。

在这一过程中，产业结构的调整会对能源、原材料、人力的需求结构产生根本性影响，过去钢铁工业面对的许多优势将不复存在，而新型和高端钢铁产品的制造企业将迎来难得的发展机遇。

1. 高端制造业的发展将有力促进特钢产品需求

高端制造业的发展决定了我国能否顺利实现从制造大国向制造强国的战略性转型。目前，国内高端制造业主要包括大飞机项目、北斗系列导航卫星及新一代运载火箭、海洋工程等装备等。高端制造业具有技术含量高、资本投入高、附加值高、信息密集度高，以及产业控制力较高、带动力较强的特点。

特钢行业作为传统钢铁产业的一个分支，随着产业结构的升级，下游装备制造对基础材料的要求越来越高，产品的附加价值也将越来越高。高品质的特钢材料拥有巨大的发展空间，这是国内钢铁行业发展的一个必然趋势。

2. 新能源的大发展将促使高端钢材产品消费快速增长

我国核电市场的迅猛发展也为钢铁行业带来新的机遇。根据国家《核电中长期发展规划（2005~2020年）》，我国到2020年，核电运行装机容量争取达到4000万千瓦，核电年发电量达到2600亿~2800亿千瓦时；在目前在建和运行核电容量1696.8万千瓦的基础上，新投产核电装机容量约2300万千瓦。同时，考虑核电的后续发展，2020年末在建核电容量应保持在1800万千瓦左右。

核电市场的快速发展将带动核电用钢量的迅速增加。同时，核电项目所用钢材产品性能优良，技术附加值较高，加上市场供应量不大，从而使得该产品的毛利率较高。风力发电需要大量的风轮机、铁塔及其他相关零部件，风能发电市场的不断扩大将增加此类钢材需求。

3. 高铁建设为钢铁子行业发展带来希望

根据《中长期铁路网规划》，到2020年，我国将建设客运专线及城际铁路 1.6 万公里以上。到 2012 年，时速 200 公里以上的客运专线将达到 1.3 万公里，其中时速 300～350 公里的为 8000 公里，快速客运网可达到 2.6 万公里以上，初步形成连接全国各主要大中城市的快速客运网络。按目前投资规模，至 2013 年基本完成 2020 年目标所需投资，高铁运行的稳定性和安全性还有待进一步验证，经济性也是不得不考虑的因素，所以，今后高铁发展对钢铁行业的拉动作用还存在不确定性。值得注意的是随着城市化发展的快速推进，不仅一线城市，许多二线城市也加大了地铁的修建力度，地铁等城市轨道交通耗钢量大，可能成为钢铁行业新的需求亮点。

4. 军工行业的发展将为高端产品提供空间

在国家积极推进战略性新兴产业发展的背景下，以政策推动为特征的国防技术在民用领域的应用不断提速。在国内产业结构调整、央企整合的大背景下，产业振兴规划的实施也强化了装备制造业的战略地位，而军工产业作为装备制造业先进技术的核心，工信部推进的军民结合战略将叠加多重政策效应，进而促使军工产业在民品产业化方面的突进。作为逆周期性的军工产业，将迎来加速发展的良好市场机遇。航母及舰艇建设、载人航天以及探月工程、大飞机项目、北斗卫星体系等重大项目将有望实现突破。

总之，战略性新兴产业的发展绝不是脱离传统产业去另搞一套，而是必须与传统产业相结合。这样新兴产业才有基础，也才能带动传统产业的优化升级。

第二节 制造业服务化转型

当前我国已成为制造大国，但总体上看，我国制造业大而不强，仍停留在以生产制造为主体的模式中，处于全球产业链的中低端。如何推进制造业转型升级，是当前我国经济发展面临的重大战略任务。从世界范围内跨国企业的发展历程看，制造业与服务业相互融合，是提升制造业核心竞争力的必然趋势。

一、制造业服务化的内涵和模式

制造业服务化，是指企业将以产品为中心的制造业向服务增值延伸，不再是单一的产品提供者，而是集成服务提供商。在现代产业链中，附加值更多体现在两端，即设计和销售环节，处于中间环节的制造附加值较低。将传统制造环节向两端延伸，开展专业服务活动，其根本目的在于提高产品附加值。随着以产品制造为中心的制造业向服务增值延伸，制造业的结构也从以产品为中心迈向以提供产品和增值服务为中心，这是制造业走向高级化的重要标志。制造业企业不再仅仅关注产品的生产，而是将行为触角延伸至产品的整个生命周期；不再仅仅提供产品，而是提供产品、服务、支持、自我服务和知识的“集合体”。制造业服务化的形式广泛，从产业链顺序来看，产业链前端的服务主要有产品研发设计、市场研究、咨询服务等，产业链后端的服务主要有零部件定制服务、集成服务提供商、整体解决方案、设备成套、工程总包、交钥匙工程、再制造、第三方物流、供应链管理优化等。

从全球范围看，制造业服务化已成为引领制造业产业升级和保持可持续发展的重要力量。很多知名的跨国企业集团，如国际商业机器公司（IBM）、通用电气公司（GE）、耐克（NIKE）、罗尔斯－罗伊斯航空发动机公司（ROLLS－ROYCE）、米其林轮胎等，都已成功转型。它们原来的主营业务集中在制造业领域，但当前都已实现由传统制造向制造服务业的转型。例如，IBM 曾经仅是硬件制造商，经过十余年的业务整合，现已成功转型为全球最大的“提供硬件、网络和软件服务的整体解决方案供应商”。众所周知，IBM 已将其个人电脑硬件制造业务出售给中国联想等企业，而自身专注于 IT 服务。在 IBM 全球的营收体系中，目前大约有 55% 的收入来自 IT 服务。再比如，耐克是一个知名的运动品牌，但在生产上采取了虚拟化策略，所有产品都不由自己生产制造，而是外包给世界各地尤其是中国的生产厂家，耐克公司则主要集中人力、物力、财力开展产品设计、市场营销和品牌维护。因此，尽管耐克是制造业，但经营业务却是服务业。从钢铁企业来看，国际许多先进的钢铁企业也大力推行制造业的服务化延伸，新日铁将钢结构作为企业发展的两大支柱业务之一；蒂森·克虏伯加大对钢材下游产品的延伸力度，电梯是其除钢铁外的核心业务，在经济危机期间仅有电梯能够盈利，而2009年公司的销售构成中钢铁业务的比重仅为24%；韩国浦项通过在国内外设立大量的不锈钢加工中心为客户提供更加完善的服务。

制造业服务化转型有两种基本模式：一是依托制造业发展服务业，亦即核心技术服务化。如耐克、米其林等，通过产业链重组，逐渐将企业的经营重心从加工制造转向诸如提供流程控制、产品研发、市场营销、客户管理等生产性服务，从制造企业转型为服务提供商；二是战略转型发展服务业，亦即主营业务多元化。如GE等，原有的电器电子业务逐渐减少，医疗、金融等新兴高增长业务逐渐取而代之。一些大型企业集团正是通过瞄准产业前沿，不断培育和发展新的业务部门，原有主营业务则逐渐萎缩并退出。

二、目前中国制造服务业发展的基本态势

早在20世纪90年代，面对日益严峻的行业竞争，跨国企业已纷纷开始了从以产品为中心到以服务为中心的转型。例如GE公司通过转型，业绩达到了标准普尔平均业绩的近两倍，服务业务对总利润的贡献已从转型前的50%增长到了70%。如今，在一些欧洲国家的制造业中，服务比重已达20%以上，美国制造业中服务比重高达58%，而97.8%的中国制造型企业仍停留在纯产品生产加工阶段没有任何的增值服务。

目前我国已有一些企业明确提出从传统制造领域向制造服务业转型，例如，2010年10月，海尔集团明确提出将放弃大部分

生产业务，采用外包的形式，并向服务业转型，把主要精力用在研发和渠道服务上。另外，一汽大众、宝钢、武钢等大企业集团原有的信息化部门，逐步成为独立运作的专业服务公司，在金融、物流等领域开展社会化服务，成为新的增长点，陆续出现了一汽启明、宝钢宝信、武钢自动化、东风东浦等一批典型制造服务企业。

但是，从总体上看，我国制造业服务化仍处于起步阶段。一方面，装备制造业从制造环节向集成服务环节的延伸仍不足。我国一些装备制造业的技术创新能力和产品开发能力有所增强，但在价值链延伸、提供集成服务和整体解决方案、零部件定制服务等方面仍不足，为行业提供集成解决方案和系统服务的企业仍不多。另一方面，大型企业集团向新兴产业领域拓展和转型的力度不够。国内很多企业集团进入房地产业进行短期攫利的很多，但对于那些真正具有可持续发展前景的医疗健康、消费、金融服务等新兴高增长领域，开拓的力度则明显不足。

究其原因，一方面，这是由中国制造业发展的总体阶段所决定的。制造服务业对核心技术有较高的要求，只有掌握差别化的核心技术，才能提供差异化、个性化的集成服务。总体上我国制造业大而不强，资金实力和行业话语权仍不足，难以提供行业独占性的产品和服务。这就决定了企业难以为用户真正提供全面的解决方案和交钥匙工程，而只能参与其中的一部分工作；另一方面，企业转型的资金实力和抗风险能力不足。应当说，企业都有积极谋求转型升级的愿望。但拓展新兴业务需要大量的资金投入，短期内无法收回成本，而且未来的不确定性和风险较大，包括技术的市场风险、技术开发风险、经营风险等，这些风险是多数企业难以预测和承受的。由此，导致企业在转型升级和发展制造服务业的过程中动力不足。为促进制造服务业的发展，我国已陆续出台了一些相关政策（见表1－5）。

表1-5 我国近期出台的部分促进服务业发展的政策

年份	发布单位	名称	主要内容
2007	国务院	关于加快发展服务业的若干意见	要大力发展面向生产的服务业，促进现代制造业与服务业的有机融合、互动发展
2009	国务院	装备制造业调整和振兴规划	到2012年，大型企业集团的现代制造服务业收入占销售收入比重达到20%以上
2008	中国机械工业联合会		到2013年现代制造服务业的收入在机械工业总收入中的比例明显提高，一部分大型骨干企业的服务收入占销售收入的比重达到20%左右
2008	上海市政府	上海发展面向制造业的服务业工作方案	利用信息化手段推进装备制造企业拓展海外工程承包业务，形成工程设计、安装维修、再制造等增值服务，以提升总集成、总承包服务能级，促进企业从产品制造商向系统解决方案供给商转变
2010	国务院	“十二五”规划	加快发展生产性服务业。深化专业化分工，加快服务产品和服务模式创新，促进生产性服务业与先进制造业融合，推动生产性服务业加速发展

全球经济衰退引发了一系列的实体经济危机，然而，伴随着国际制造企业的示微，这也将成为中国制造型企业在全球开疆拓土的新机遇。对于广大的中国制造型企业来说，在当今这个时代，比缩减成本更重要的，是实现向服务的转型来走出一条通向差异化和可持续发展的新路。这需要企业根据客户需求去发掘服务机会，重建与服务业务相适应的业务模式以及组织、运营模式，并实现人才以及文化的转型等从根本上推进服务的转型。

三、钢铁工业服务化转型

中国已经成为世界第一的钢铁生产大国。在高速发展过程中，中国钢铁工业也面临着很多问题，最突出的就是产能过剩。

过剩产能使行业竞争日趋激烈，价格战成为企业不得已而为之的应对手段，企业的利润空间不断受到挤压，很多钢铁企业陷入经营困境。

差异化可以是产品的差异化、销售渠道的差异化、管理手段的差异化等。未来对钢铁企业最重要的很可能是商业模式的差异化，核心是企业转型，即从“制造型企业”向“服务型企业”的转型。这是钢铁企业提高竞争力的重要方向。

我国钢铁企业在工艺装备不断改进的同时，企业的经营机制、管理思想和管理手段也在不断改革和创新，很多企业已经完成或正在完成从“生产型”到“生产经营型”甚至是“资本运营型”的转化，取得了很好的经济效益。但是，从产业定位上，大部分企业还是将自己定义于“制造型企业”，而不是“服务型企业”，影响企业进一步的管理创新。

“制造型企业”核心业务在于产品制造过程，核心是资源效率最大化。从钢铁企业现状来看，大部分企业的关注点在于产量、质量、能耗等指标，于是造成了很多问题，如订货周期长、产品批量大、交货不稳定等。这些问题的直接后果是对下游供应链产生了严重的不良影响，使整个供应链系统的库存巨大。此外，订货繁琐、承诺不及时也大大影响了顾客满意度的提高。

“服务型企业”是以客户为中心，以提升客户满意度和忠诚度为主线，为客户提供全员、全方位、全过程增值服务的经营模式。服务过程包括客户获取、客户交流、客户满足、客户关怀、客户保留等。服务内容包括：

（1）技术咨询。钢铁企业在材料技术方面有显著优势，钢铁企业可以提供技术咨询服务，为用户推荐和规划钢材组合方案，同时可以和客户一道开发个性化新钢种。

（2）产品制造。向服务转型，需要钢铁企业重新制定制造策略，努力提高客户满意度（订单周期、订货批量、订单承诺、质量异议、个性化需求等）。钢铁生产的节拍、批量需要与需求保持一致，实现精益生产。在这个原则上，甚至企业的工艺装备、生产组织都要进行相应的调整。钢铁企业的生产线将更加灵活、更富有柔性，易于调整、转换。

(3) 分销渠道。通过独资、合资、特许经营等形式，建设垂直型分销系统，与客户建立更紧密联系。同时，钢铁企业可以更全面、更准确掌握客户信息，实现研发、生产和营销的“精确打击”。

(4) 钢材加工。钢铁企业可以自建、或联合分销企业共建钢材加工中心，为最终客户提供更贴切的服务。

(5) 物流配送。传统的钢铁供应链一般属于“效率型”供应链。在向服务型企业转型中，企业可以建设“响应型供应链”。

(6) 融资服务。钢铁企业在融资方面有一定优势，可以为分销商、最终客户提供质押、担保等融资服务。

钢铁企业向“服务型企业”转型，主要体现在以下几个方面：

(1) 经营理念的调整。钢铁企业需要从根本上改变“以生产为中心”的观念，彻底突破“计划经济”和“卖方市场”的束缚，代之以“以客户为中心”的经营理念。以客户需求为中心，从提升客户满意度和忠诚度出发，按照客户的需求（节拍、批量、订货周期、响应时间、个性化）组织生产经营活动。经营理念的调整进一步深化，就是企业文化的调整。

(2) 组织架构的调整。传统的钢铁企业组织架构是以制造过程为核心设置，相对比较封闭。在“服务型企业”模式下，企业的组织架构将按照服务提供过程设置，包括成立专门的咨询部门和服务营销部门，客户服务部门将从“成本中心”演变为“利润中心”，同时将新增加“产品经理”、“行业总监”等职位。

(3) 制造模式的调整。在传统的“制造型企业”模式下，制造策略是资源利用最大化，以此制定各项期量标准，造成的问题是，订单批量大、订货周期长、个性化需求满足程度低。在

"服务型企业"模式下，制造策略是顾客满意度最大化，需要全面提高"订货周期、订单批量、产品质量、个性化需求"等方面的经营性能，生产节拍和期量标准要尽量和客户的需求同步，"多品种、小批量、准时化"的精益生产方式将得到广泛应用。相应的，传统生产线和生产工艺也将面临调整。传统的钢铁生产线，产量大、批量大、周期长、生产调整困难，很难适应"服务型企业"的需要，"短流程生产线"等生产工艺和生产线将更适应企业转型的需要。

（4）销售模式的调整。在"服务型企业"模式下，销售终端和终端客户将是企业关注和争夺的焦点。为实现这一点，钢铁企业一方面要加大直供的比例，另一方面要建立"垂直型销售渠道"，采取独资、合资、特许经营等方式，提高对渠道的控制力和渠道的忠诚度。同时，钢铁企业的销售渠道也要进行转型，即从传统的"钢材经销商"向"全能型服务中心"的转变，强化销售渠道在加工、配送、客户关怀方面的职能。

（5）服务模式的转型。在"制造型企业"模式下，服务部门是边缘部门。在"服务型企业"模式下，服务部门将成为企业经营的核心部门。服务部门将进行从"以客户投诉处理为中心的被动式服务"向"以客户关怀为中心的主动式服务"、"成本中心"向"利润中心"转变，服务内容也将从单一的"用户异议处理"拓展到涵盖"技术咨询、合作开发、产品加工、物流配送、融资服务"等全方位服务以及各种为客户量身打造的个性化服务，开发新的服务产品、拓展服务营销成为企业经营的重要内容。在这方面，企业可以学习和借鉴4R（relevance、reaction、relationship和reward）营销理论、4V（variation、versatility、value、vibration）营销理论、ITIL（information technology infrastructure library）的服务理念等理论和方法。

（6）IT系统的调整。IT是管理变革的使能器。传统的钢铁信息化，是以"产销一体化"为核心，重点解决产销灵活转换、质量和合同上线、订单执行跟踪等问题。在"服务型企业"模式下，钢铁企业将继承“产销一体化”的成果，进一步拓展 IT 系统的边界，重点发展电子商务、企业间供应链整合、客户管理系统（CRM）、产品生命周期管理（PLM）、门户平台等系统，强化与客户的交流和互动，打造以客户为中心，全方位、全过程、一站式客户服务信息化平台。

除此之外，企业的各项管理方法也要进行相应的调整，如绩效评价方式、成本核算体系、企业文化等。

第三节　信息化渗透

信息化是充分利用信息技术，开发利用信息资源，促进信息交流和知识共享，提高经济增长质量，推动经济社会发展转型的历史进程。

20 世纪 90 年代以来，信息技术不断创新，信息产业持续发展，信息网络广泛普及，信息化成为全球经济社会发展的显著特征，并逐步向一场全方位的社会变革演进。进入 21 世纪，信息化对经济社会发展的影响更加深刻。广泛应用、高度渗透的信息技术正孕育着新的重大突破。信息资源日益成为重要生产要素、无形资产和社会财富。信息网络更加普及并日趋融合。信息化与经济全球化相互交织，推动全球产业分工深化和经济结构调整，重塑全球经济竞争格局。互联网加剧了各种思想文化的相互激荡，成为信息传播和知识扩散的新载体。电子政务在提高行政效率、改善政府效能、扩大民主参与等方面的作用日益显著。信息安全的重要性与日俱增，成为各国面临的共同挑战。信息化使现代战争形态发生重大变化，是世界新军事变革的核心内容。全球数字鸿沟呈现扩大趋势，发展失衡现象日趋严重。发达国家信息化发展目标更加清晰，正在出现向信息社会转型的趋向；越来越多的发展中国家主动迎接信息化发展带来的新机遇，力争跟上时代潮流。全球信息化正在引发当今世界的深刻变革，重塑世界政治、经济、社会、文化和军事发展的新格局。加快信息化发展，已经成为世界各国的共同选择。

一、信息化在我国经济生活中的渗透

我国政府一直高度重视信息化工作。20世纪90年代，相继启动了以金关、金卡和金税为代表的重大信息化应用工程；1997年，召开了全国信息化工作会议；党的十五届五中全会把信息化提到了国家战略的高度；党的“十六大”进一步做出了以信息化带动工业化、以工业化促进信息化、走新型工业化道路的战略部署；党的十六届五中全会再一次强调，推进国民经济和社会信息化，加快转变经济增长方式。“十五”期间，国家信息化领导小组对信息化发展重点进行了全面部署，做出了推行电子政务、振兴软件产业、加强信息安全保障、加强信息资源开发利用、加快发展电子商务等一系列重要决策。

“十二五”规划明确提出“全面提高信息化水平。加快建设宽带、融合、安全、泛在的下一代国家信息基础设施，推动信息化和工业化深度融合，推进经济社会各领域信息化。包括积极发展电子商务，完善面向中小企业的电子商务服务，推动面向全社会的信用服务、网上支付、物流配送等支撑体系建设。大力推进国家电子政务建设，推动重要政务信息系统互联互通、信息共享和业务协同，建设和完善网络行政审批、信息公开、网上信访、电子监察和审计体系。加强市场监管、社会保障、医疗卫生等重要信息系统建设，完善地理、人口、法人、金融、税收、统计等基础信息资源体系，强化信息资源的整合，规范采集和发布，加强社会化综合开发利用。”

经过多年的发展，我国信息化发展已具备了一定基础，进入了全方位、多层次推进的新阶段。抓住机遇，迎接挑战，适应转变经济增长方式、全面建设小康社会的需要，更新发展理念，破解发展难题，创新发展模式，大力推进信息化发展，已成为我国经济社会发展新阶段重要而紧迫的战略任务。

（1）信息网络实现跨越式发展，成为支撑经济社会发展重要的基础设施。电话用户、网络规模已经位居世界第一，互联网用户和宽带接入用户均位居世界第二，广播电视网络基本覆盖了全国的行政村。

（2）信息产业持续快速发展，对经济增长贡献度稳步上升。2007 年，我国即已成为世界电子信息产品第一制造大国。2009 年，我国电子信息产品贸易额占全球 15% 以上，电子信息制造业出口额占全国外贸出口的 1/3 以上。掌握了一批具有自主知识产权的关键技术。部分骨干企业的国际竞争力不断增强。

（3）信息技术在国民经济和社会各领域的应用效果日渐显著。农业信息服务体系不断完善。应用信息技术改造传统产业不断取得新的进展，能源、交通运输、冶金、机械和化工等行业的信息化水平逐步提高。传统服务业转型步伐加快，信息服务业蓬勃兴起。金融信息化推进了金融服务创新，现代化金融服务体系初步形成。电子商务发展势头良好，科技、教育、文化、医疗卫生、社会保障、环境保护等领域信息化步伐明显加快。

（4）电子政务稳步展开，成为转变政府职能、提高行政效率、推进政务公开的有效手段。各级政务部门利用信息技术，扩大信息公开，促进信息资源共享，推进政务协同，提高了行政效率，改善了公共服务，有效推动了政府职能转变。金关、金卡、金税等工程成效显著，金盾、金审等工程进展顺利。

（5）信息资源开发利用取得重要进展。基础信息资源建设工作开始起步，互联网上中文信息比重稳步上升，信息资源开发利用水平不断提高。

（6）信息安全保障工作逐步加强。制定并实施了国家信息安全战略，初步建立了信息安全管理体制和工作机制。基础信息网络和重要信息系统的安全防护水平明显提高，互联网信息安全管理进一步加强。

（7）国防和军队信息化建设全面展开。国防和军队信息化取得重要进展，组织实施了一批军事信息系统重点工程，军事信息基础设施建设取得长足进步，主战武器系统信息技术含量不断提高，作战信息保障能力显著增强。

(8) 信息化基础工作进一步改善。信息化法制建设持续推进，信息技术标准化工作逐步加强，信息化培训工作得到高度重视，信息化人才队伍不断壮大。

当前我国信息化发展也存在着一些亟待解决的问题，主要表现在：

(1) 思想认识需要进一步提高。我国是在工业化不断加快、体制改革不断深化的条件下推进信息化的，信息化理论和实践还不够成熟，全社会对推进信息化的重要性、紧迫性的认识需要进一步提高。

(2) 信息技术自主创新能力不足。核心技术和关键装备主要依赖进口。以企业为主体的创新体系亟待完善，自主装备能力急需增强。

(3) 信息技术应用水平不高。在整体上，应用水平落后于实际需求，信息技术的潜能尚未得到充分挖掘；在部分领域和地区应用效果不够明显。

(4) 信息安全问题仍比较突出。在全球范围内，计算机病毒、网络攻击、垃圾邮件、系统漏洞、网络窃密、虚假有害信息和网络违法犯罪等问题日渐突出，如应对不当，可能会给我国经济社会发展和国家安全带来不利影响。

(5) 数字鸿沟有所扩大。信息技术应用水平与先进国家相比存在较大差距。国内不同地区、不同领域、不同群体的信息技术应用水平和网络普及程度很不平衡，城乡、区域和行业的差距有扩大趋势，成为影响协调发展的新因素。

(6) 体制机制改革相对滞后。受各种因素制约，信息化管理体制尚不完善，电信监管体制改革有待深化，信息化法制建设需要进一步加快。

我国信息化发展的基本经验是：坚持站在国家战略高度，把信息化作为覆盖现代化建设全局的战略举措，正确处理信息化与工业化之间的关系，长远规划，持续推进。坚持从国情出发，因地制宜，把信息化作为解决现实紧迫问题和发展难题的重要手段，充分发挥信息技术在各领域的作用。坚持把开发利用信息资源放到重要位置，加强统筹协调，促进互联互通和资源共享。坚持引进消化先进技术与增强自主创新能力相结合，优先发展信息产业，逐步增强信息化的自主装备能力。坚持推进信息化建设与保障国家信息安全并重，不断提高基础信息网络和重要信息系统的安全保护水平。坚持优先抓好信息技术的普及教育，提高国民信息技术应用技能。

二、我国钢铁工业信息化发展现状

党的十六大就提出以信息化带动工业化。十七大做出了实施信息化和工业化融合新的战略部署。进一步提出要大力推进信息化和工业化融合，构建新兴工业体系，走新兴工业化道路。

中国钢铁工业要满足可持续协调发展的要求，必须加快信息化进程，走高效率、环境好、能耗低的新型工业化道路。这是钢铁行业提高自身竞争力、融入经济全球化的战略选择。将信息技术与钢铁生产技术结合，在自动化炼钢、炼铁、轧钢等全过程中实现智能化，应对原材料紧张，实现精细制造和绿色制造——所有这一切，就是“数字钢铁”的理念。钢铁产业向数字化发展，为软件产业提供了巨大市场。钢铁业与信息化的结合，是中国钢铁工业实现可持续发展的重要动力。目前我国钢铁工业信息化发展现状包括以下几个方面：

（1）截止到2009年底，61家重点钢铁企业中有91%的企业都建设了连铸机计算机自动控制系统，66%以上的企业具有高炉干法除尘（TRT）自动控制系统、精炼控制系统、热连轧计算机控制系统，而仅有30%的企业建设了高炉专家系统，所占比例相对较低，是钢铁生产工艺中控制系统比较薄弱的环节。生产全自动覆盖率还不是很高，只有少数企业达到90%以上。经过多年的信息化建设，生产数据自动采集率、能源计量测量设备配备率大幅提高。

在生产过程自动化主要控制系统的应用方面，钢铁生产主要工艺中均不同程度地应用控制系统，提高了生产过程的自动化水平（见表1－6）。

表1－6　2009年61家重点钢铁企业生产过程自动化主要控制系统应用情况

控制系统		数量/套	比例/%
焦化系统	焦炉集中管控系统	32	52
	焦炉配料系统	36	59
	焦炉加热控制系统	35	57
烧结系统	烧结控制系统	47	77
	烧结点火控制系统	42	69
炼铁系统	高炉专家系统	23	38
	高炉综合自动化系统	41	67
	高炉干法除尘（TRT）自动控制系统	42	69
	高炉热风炉自动控制系统	39	64
炼钢系统	转炉炼钢综合自动控制系统	46	75
	精炼控制系统	44	72
	连铸机计算机自动控制系统	49	80
轧钢系统	热连轧计算机控制系统	46	75
	冷连轧计算机控制系统	26	43
	中厚板计算机控制系统	32	52

（2）钢铁企业对信息系统安全措施越来越重视。2009年底，调查的61家重点企业中近半数以上的企业建立了数据中心，其中49%的企业对数据进行部分集中管理，33%的企业做了完全集中管理。企业采用多种手段对系统数据进行备份，超过八成以上的企业都采用了双机热备的形式，约40%的企业采用单机、离线或冷备份。

（3）大多数钢铁企业重视信息化规划，钢铁企业信息化组织建设基础较好，多数企业注重信息化制度建设和执行。截至2009年底，61家重点钢铁企业中有88.9%的企业制定了信息化总体规划；68.3%的企业有信息化量化目标，相对提高了10个百分点；59%的企业在信息化项目结束后对信息化绩效进行了评估。

(4) 从61家重点钢铁企业信息化效益反映，有11家企业3天内完成财务月结算，最短的不到1天；25家企业在3~7天完成财务月结算，而在10~30天内完成财务月结算的企业占12家。根据SAP公司提供的数据，国际平均水平财务月结算为6天，第一梯队平均水平为3.5天。可见相对国际企业仍有差距。大部分企业在客户响应速度上达到3天以内；六成企业在标准成本5天内完成；异议处理响应时间最快为半天；销售计划的制订最快为半天完成。八成的企业信息化后对财务数据的真实性得到保障；七成以上的企业认可信息化后对管理科学化的贡献，对财务数据真实性的保障作用，对精细化管理的促进作用，对业务流程优化起到了作用。但在设备管理流程、人力资源管理、能源管理和决策支持的信息技术应用仍有待加强。

三、信息化助力钢铁工业转型升级

信息化是一场带有深刻变革意义的革命，正在改变人类的生产、生活，乃至国与国、企业与企业之间生存、竞争的格局。因此，中国钢铁工业在发展中，必须充分运用信息技术为钢铁产业服务，在硬件技术和软件应用两个层面上有新突破，使其在钢铁这个传统产业中有着广泛、深入的运用。信息化技术发展以及对经济全球化的推动，对现代钢铁产业有着深刻影响和巨大渗透力，钢铁产业的信息化水平，不仅是改变传统钢铁产业的有效方式，也是衡量钢铁生产现代化水平的重要标志。

未来信息化推动钢铁产业转型升级主要表现在以下几方面：

(1) 钢铁生产过程信息化方面。主要表现在对钢铁企业在产品质量和工艺的持续改进，以及新产品研发上的作用。钢铁企业将通过建立数据仓库，实施联机分析，进行数据挖掘，运用数理统计方法，采用可视化技术，深度开发和利用信息，逐步建立企业生产指挥调度中心和企业生产经营驾驶舱，支持科学决策，更加积极主动地应对市场剧烈变化。

（2）信息化助推钢铁产业服务升级方面。主要表现在信息化能够为钢铁产业服务升级提供及时、准确的信息，有利于企业统筹管理、优化资源配置，提高运作效率，更好地满足客户需求。目前部分先进企业已经通过信息化建设建立起与下游用户的一体化网络系统，企业的相关生产情况和客户需求的品种、批量、时间等资源能够在同一平台上实时共享，缩短了空间距离，成为供需双方共同赢得市场的基本支撑。

（3）钢铁企业对集团型企业的集中管控方面。主要表现在信息化极大地提高集团管控效率，在新组建或者扩大的集团中迅速建成异地分布的信息系统，建设集团的结算中心和资金管理中心，加强集团管控力度。特别是对财务与业务的集成上，减少了财务管理层，实行了集中化财务，既提高了财务决算的效率，也加强了固定资产管理、强化了工序和产品成本的核算能力，为异地甚至跨国集团的资金控制和财务监管提供了强有力的手段。

而且，信息化还为钢铁企业提供了财务分析的数据和工具，不但能够进行常规的损益分析，而且能够进行按照时间、地区、产品品种、客户类型等的不同，分析企业的市场占有率、销售成长率、利润率。正是由于钢铁企业已经把财务系统和生产系统集成起来，每一项工艺的成本在系统中都有清楚的分析，其工艺和流程的变化在成本上也可清楚地看到，据此可以帮助企业实现资源的最优化配置，最大限度地降低产品的成本。对庞大的钢铁企业来说，能灵活地实现资源的优化配置以应对市场的快速变化，这一点非常关键，它将直接提升企业核心竞争力。

（4）在应对今后我国低碳化发展趋势方面。主要表现在更多的钢铁企业将会建立能源管理系统，实施能源数据的全面收集和分析。

（5）在网络安全方面。将提升网络管理水平，完善应急处理措施，形成信息安全和系统安全的保障体系，增强安全保障能力。

（6）在上下游产业链一体化方面。一些有远见的钢铁企业将利用物联网创建跨企业的供应链系统，并与电子商务和企业内部管理的信息系统进行整合，通过与上下游企业建立互利双赢关系，降低销售和采购成本。

第四节　低碳化发展

所谓低碳经济，是指在可持续发展理念指导下，通过技术创新、制度创新、产业转型、新能源开发等多种手段，尽可能地减少煤炭、石油等高碳能源消耗，减少温室气体排放，达到经济社会发展与生态环境保护双赢的一种经济发展形态。发展低碳经济，一方面是积极承担环境保护责任，完成国家节能降耗指标的要求；另一方面是调整经济结构，提高能源利用效益，发展新兴工业，建设生态文明。这是摒弃以往先污染后治理、先低端后高端、先粗放后集约的发展模式的现实途径，是实现经济发展与资源环境保护双赢的必然选择。

一、中国低碳经济的发展

在全球气候变暖的背景下，以低能耗、低污染为基础的“低碳经济”成为全球热点。欧美发达国家大力推进以高能效、低排放为核心的“低碳革命”，着力发展“低碳技术”，并对产业、能源、技术、贸易等政策进行重大调整，以抢占先机和产业制高点。中国面对未来低碳经济的挑战有如下几种：

（1）工业化、城市化、现代化加快推进的中国，正处在能源需求快速增长阶段，大规模基础设施建设不可能停止；长期贫穷落后的中国，以全面小康为追求，致力于改善和提高13亿人民的生活水平和生活质量，带来能源消费的持续增长。“高碳”

特征突出的“发展排放”，成为中国可持续发展的一大制约。怎样既确保人民生活水平不断提升，又不重复西方发达国家以牺牲环境为代价谋发展的老路，是中国必须面对的难题。

(2)“富煤、少气、缺油”的资源条件，决定了中国能源结构以煤为主，低碳能源资源的选择有限。电力中，水电占比只有20%左右，火电占比达77%以上，“高碳”占绝对的统治地位。每燃烧1t煤炭会产生4.12t的二氧化碳气体，分别比石油和天然气多30%和70%，未来20年中国能源部门电力投资可能达到2万亿美元。火电的大规模发展对环境的威胁，不可忽视。

(3) 中国经济的主体是第二产业，这决定了能源消费的主要部门是工业，而工业生产技术水平落后，又加重了中国经济的高碳特征。1993～2005年，中国工业能源消费年均增长5.8%，工业能源消费占能源消费总量约70%。采掘、钢铁、建材水泥、电力等高耗能工业行业，2005年能源消费量占了工业能源消费的64.4%。调整经济结构，提升工业生产技术和能源利用水平，是一个重大课题。

(4) 作为发展中国家，中国经济由“高碳”向“低碳”转变的最大制约，是整体科技水平落后，技术研发能力有限。尽管《联合国气候变化框架公约》规定，发达国家有义务向发展中国家提供技术转让，但实际情况与之相去甚远，中国不得不主要依靠商业渠道引进。以2006年的GDP计算，中国由高碳经济向低碳经济转变，年需资金250亿美元。这样一个巨额投入，显然是尚不富裕的发展中的中国的沉重负担。

到2020年，我国单位GDP的碳排放将要比2005年下降40%～45%，已作为约束性指标纳入国民经济和社会发展中长期规划，并制定相应的国内统计、监测、考核办法。

长期以来，我国不少地区一直单纯强调GDP的增长，如今减排目标公布后，这种局面就需要在短时间内得到有效控制，由此也需要新能源行业更快地发展与成熟。

未来国家将全面提升和发展新能源行业，包括创新能力，产业应用。中国已经形成了比较完整的风电、太阳能产业链，形成了产业的群体。比如，光伏电池从最前端的硅材料，到生产多晶硅的原料，到铸锭、切片，生产电池，到生产组件，到建立电站，有完整的产业群，通过政府宏观政策推动和市场机制的导向下，我国的基础力量已经开始形成了。

但是，与此相对应，传统行业的既有发展模式将遭到严峻挑战。除了传统的钢铁、水泥、电力、铝业等排放大户外，航空业也将可能遭受挑战。鉴于全球航空业每年大约排放 6.5 亿吨二氧化碳的现实，欧盟已经做出规定，在 2012 年以前，所有进出欧盟市场的全球 2000 多家航空公司都必须承担减排责任。这意味着包括国航、东航、南航在内的 11 家拥有欧洲航线的国内航空公司都将付出巨额成本。

因此，需要打造新的低碳产业链来解决这一问题，目前我国产业链的价值分布是向资源型企业倾斜的，低碳经济的发展将改变这一分布。

首先是缩短能源、汽车、钢铁、交通、化工、建材等高碳产业所引申出来的产业链条，把这些产业的上、下游产业“低碳化”；其次是调整高碳产业结构，逐步降低高碳产业特别是“重化工业”在整个国民经济中的比重，推进产业和产品向利润曲线两端延伸：向前端延伸，从生态设计入手形成自主知识产权；向后端延伸，形成品牌与销售网络，提高核心竞争力，最终使国民经济的产业结构逐步趋向低碳经济的标准。

同时，要推进全球碳交易市场的发展。如果没有市场机制的引入，仅仅通过企业和个人的自愿或强制行为是无法达到减排目标的。碳交易市场从资本的层面入手，通过划分环境容量，对温室气体排放权进行定义，延伸出碳资产这一新型的资本类型，而碳市场的存在则为碳资产的定价和流通创造了条件。碳交易将金融资本和实体经济联通起来，通过金融资本的力量引导实体经济的发展，因此它本质上是发展低碳经济的动力机制和运行机制，是虚拟经济与实体经济的有机结合，代表了未来世界经济的发展方向。

“十二五”规划中强调，面对日趋强化的资源环境约束，必须增强危机意识，树立绿色、低碳发展理念，以节能减排为重点，健全激励与约束机制，加快构建资源节约、环境友好的生产方式和消费模式，增强可持续发展能力，提高生态文明水平。综合运用调整产业结构和能源结构、节约能源和提高能效、增加森林碳汇等多种手段，大幅度降低能源消耗强度和二氧化碳排放强度，有效控制温室气体排放。合理控制能源消费总量，严格用能管理，加快制定能源发展规划，明确总量控制目标和分解落实机制。推进植树造林，新增森林面积 1250 万公顷。加快低碳技术研发应用，控制工业、建筑、交通和农业等领域温室气体排放。探索建立低碳产品标准、标识和认证制度，建立完善温室气体排放统计核算制度，逐步建立碳排放交易市场。推进低碳试点示范。

总之，节能环保、新能源产业必将是未来各国产业发展的主要方向和新的利润增长点。必须通过各方面的不断努力，大踏步向低碳经济迈进。

二、中国钢铁工业的低碳化发展路径

（一）中国钢铁工业二氧化碳排放现状

图 1－1 描述了中国钢铁工业的 CO_2 排放量及粗钢产量，中国的粗钢产量一直在大幅度上升，CO_2 的排放量也是同样的趋势，但是 CO_2 的排放量的变化幅度低于粗钢产量的变化幅度，即钢铁工业的碳排放强度（吨钢排放 CO_2 的量）在逐年下降。

钢铁行业温室气体排放占全国排放量的比重基本保持在 12% 左右，其总体排放量近 5 年呈增长趋势，但吨钢排放量和万元产值排放量均呈现出平稳下降的趋势。图 1－2 所示为中国钢铁工业分工序的 CO_2 排放图，从图 1－2 中可以看出，整体来看，钢铁行业的主要能耗集中于铁前工序。

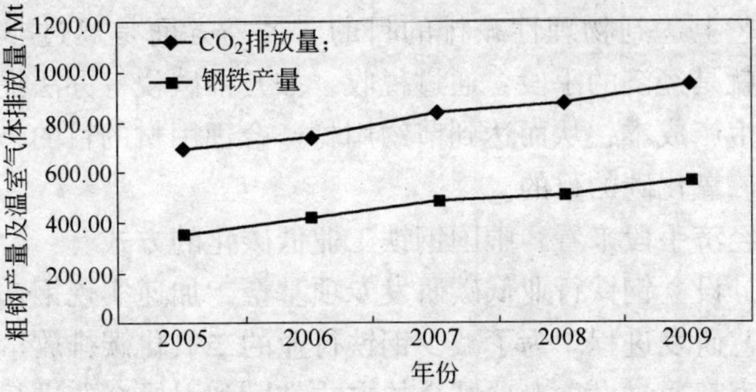

图 1－1　中国钢铁工业粗钢产量及温室气体排放量

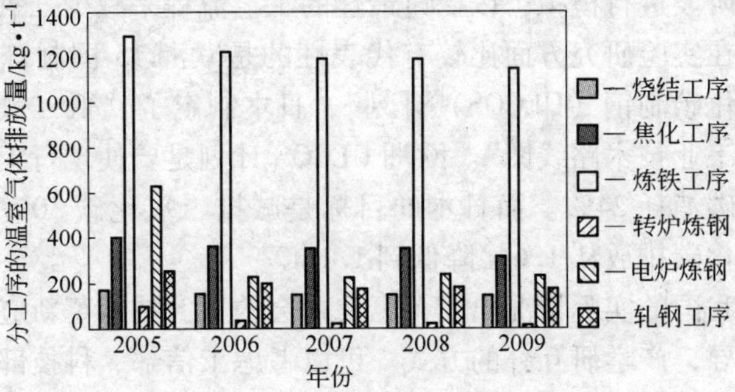

图 1－2　中国钢铁工业分工序的温室气体排放图

（二）中国钢铁工业低碳化路径

钢铁工业是典型的资源消耗和能源消耗工业，是二氧化碳排放的主要工业之一。据国际能源组织 IEA 的资料，世界钢铁工业所排放的二氧化碳气体占全球二氧化碳排放量的大约 4% ~ 5%。由于我国钢铁工业在国民经济发展中的重要地位，以及我国钢铁生产所采用的工艺（以高炉流程为主）与世界发达国家（以电炉流程为主）不同，这一比例在我国要占到近 12%。

从目前国内外研究成果来看，减少钢铁工业二氧化碳排放的方法主要有两个方面，一方面是通过技术改造和新技术开发，从生产工艺上达到物理性减排的目的。另一方面是通过非技术手段，也就是经济的手段，通过税收，如开征碳税等办法提高相关产品的生产成本，从而达到节约用材，合理用材的目的，间接达到减排二氧化碳的目的。

从经济手段来看，中国钢铁工业低碳化的方式有：

（1）设立钢铁行业低碳研发专项基金，加速实现钢铁生产低碳化工艺研发进程。为了减少钢铁行业的二氧化碳排放量，世界许多国家都通过设立专项基金的方式鼓励和引导企业进行低碳研究，这些研究既包括理论研究，也有实验研究。在理论研究方面主要是针对钢铁工业排放二氧化碳的流程进行研究，通过模型对各工艺阶段进行模拟，以探讨最佳的工艺流程来减少二氧化碳的排放。在实验研究方面比较有代表性的是欧洲 15 国制订了“超低二氧化碳制钢（ULCOS）计划”，日本制定了“低二氧化碳排放钢铁工业技术路线图”。欧洲 ULCOS 计划是要使现行工艺改进后节省碳消耗 24%。而日本的目标是减排二氧化碳 30%，使吨钢二氧化碳排放从 1. 64t 降低到 1. 15t。

从我国的实际情况出发，惠及社会的重大技术革新应当实行政府引导，产学研互补的方式。可以考虑工信部、科技部、财政部等相关部委联合设立钢铁行业低碳工艺研究计划，集国内前沿研究专家之合力进行攻关，待取得相关成果后，向企业阶段性推广，最终实现全行业的低碳化。

（2）考虑在不同环节征收碳税和推广碳交易市场，促进钢铁行业低碳化进程。我国许多中小型钢铁企业对国有大型企业的比较优势在于企业负担轻、环境成本低。大型企业的环保和劳动保障基本上是完善的。而小钢铁装备不具备达到国家规定的污染物排放标准的经济可行性，因此小钢铁厂即使补充环保设施并正常开动，其成本费用势必明显升高。另外，多数小钢铁厂主要使用工资偏低的农民工，而且通常不为职工交存各种社会保障基金。根据保守测算，小钢铁企业从这两方面省下的成本超过 100

元/t 左右，其中环保费用约 60 元/t，劳动保障费用约 44 元/t。所以，通过征收碳税等政策措施，必然加大部分小企业的运行成本，从而有助于行业的淘汰落后和产业升级的快速进步；另外，一些发达国家提出对进口产品征收碳关税，这是利用国际二氧化碳减排达到控制进口目的的新举措。一旦未来碳关税成为各国限制进口的手段，将会对我国的出口市场造成巨大影响，及早研究相关政策的可行性并付诸实施有助于取得先机优势，增强我国出口的整体竞争力。

当前国际上已有比较成熟的碳交易市场和案例，我国也可考虑通过建立和推广碳交易市场的方式来促进钢铁行业低碳化进程。建立碳交易所的优点在于减少碳减排资源流失。目前在国际碳交易市场上，我国处于单纯碳减排资源供给方的地位，处于整个碳交易产业链的最低端。而钢铁行业作为节能减排潜力很大的行业，是碳交易的重要组成部分。如果能够推广碳交易市场，并引导钢铁企业充分利用巨大的碳减排资源市场来进行技术改造和产业升级，将有力地促进钢铁行业的低碳化节奏，加快钢铁行业发展方式的转变。

从技术手段来看，中国钢铁工业低碳化的方式有：

（1）废钢资源的循环利用实现钢铁生产短流程化。炼钢工艺分为长流程转炉炼钢和短流程电炉炼钢两种；焦化和炼铁是长流程转炉炼钢的主要能耗工序，电炉炼钢则是短流程的主要能耗工序。短流程电炉炼钢的温室气体排放量远低于长流程转炉炼钢。目前我国短流程电炉炼钢仅占总产量的 13% 左右，并且近期来看，我国钢铁生产仍将是要以高炉长流程为主。因为废钢的短缺还会在一定时间内存在，大多数成功的非高炉炼铁是要在特定条件下去实现的。高炉炼铁工序能耗要占钢铁联合企业总能耗的 50% ~60%。所以，减少 CO_2 排放的重点工作要放在炼铁工序。高炉炼铁所需要的能源有 78% 来自碳素燃烧（焦炭和煤粉），19% 来自热风带入，3% 为原料的化学热。说明高炉炼铁节能工作重点是降低燃料比。因此，近期来看，焦化和炼铁等工序是钢铁行业减排的关键点，从远期来看，随着废钢的增加，发展短流程电炉炼钢是钢铁行业减排的关键点。

即使资源有限，但最大限度地回收和循环利用废钢对减少CO_2排放量仍然至关重要。由于大量使用电力，未来钢铁业的CO_2排放量和能源部门的联系会愈加紧密。以废钢为基础的工艺所产生的CO_2排放量在很大程度上取决于这种工艺所必需的电能生产过程中的CO_2排放。到2050年，随着电炉钢生产份额的不断增加，能源部门对钢铁产业CO_2排放强度的影响将越来越大。因此，如果能源部门可以减少电能单位生产（千瓦时）产生的CO_2排放，那么钢铁产业的CO_2排放也将相应地减少。

（2）钢铁生产过程节能减排。通过投资节能技术，钢铁行业已经大幅度降低了钢铁生产中的能源、煤和焦炭的消费。为了进一步减少钢铁产业的CO_2强度，各钢铁企业需要在全球基础上增加彼此间的交流和推广最佳实践，这既包括新技术，也包括生产工艺改进。

大气中CO_2的主要来源有20%是来自燃烧碳素引起的。降低钢铁生产过程中CO_2排放，主要工作内容就是要节能降耗。我国钢铁生产的能源结构中煤炭占70%左右，炼铁工序能耗占钢铁联合企业的总能耗50%以上，其主要用煤工序就是炼铁用的燃料（焦炭+煤粉）。所以，从宏观上讲，钢铁工业降低吨钢综合能耗，就是减少CO_2排放；从具体工作上来看，降低炼铁燃料比就是减少CO_2排放工作的重点。表1－7列出了钢铁工业排放的主要温室气体及主要排放源。

表1－7 钢铁工业的温室气体种类及排放源

工艺阶段	温室气体	主要排放源
烧结/球团生产	CO_2、CO、SO_2、NO_x	燃料在矿粉烧结过程中的燃烧
炼焦生产	CO_2、CH_4、CO、NO_x、SO_2、H_2S	煤的干馏过程及加热燃烧
高炉炼铁	CO_2、CH_4、CO、SO_2、H_2S、NO_x	铁水冶炼过程
转炉/电炉炼钢	CO、CO_2、NO_x	铁水脱碳/冶炼过程

续表 1－7

工艺阶段	温室气体	主要排放源
热/冷轧	CO_2、NO_x、SO_2	加热和热处理过程中的燃料燃烧
石灰焙烧	CO_2、NO_x	石灰石焙烧
自备电厂	CO_2、SO_2、NO_x	燃料燃烧

（3）钢铁生产副产品的应用。增加对钢铁生产副产品（如炉渣）的应用能够大大降低全球温室气体排放。钢铁生产产生大量的副产品，主要包括供内部使用的高炉瓦斯灰、烟气和转炉尘泥等，以及供外部商业化使用的粒状高炉渣、风冷高炉渣、转炉炼钢炉渣和电炉炼钢炉渣。

炉渣是钢铁生产的主要副产品，高炉渣主要含有石灰和硅酸铝，而且在颗粒状态下可以被近乎100%地回收利用。粒状高炉渣的一个重要市场是作为替代原料生产水泥。利用高炉渣生产水泥的一个好处是每吨炉渣可以减少水泥生产中0.5～1t的CO_2排放（2007估算），基于对技术研发的持续投资、标准化和最优方法的转让及其他因素，到2050年这个水平我们假定为0.8～1t。

其他炉渣，如风冷高炉渣、转炉渣和电炉渣等也都得到利用，并在筑路、水泥生产和其他行业中起到节能减排的作用。世界钢铁协会2007年的估测指出，钢铁副产品的使用避免了超过1亿吨的CO_2排放。

炉渣主要用于水泥和筑路行业，见图1－3。基于到2050年全球钢产量将达到每年28亿吨的估算，钢铁业炉渣产量也将到达每年6亿～9亿吨，这主要取决于到2050年炼钢原料的品质和不同生产工艺所占份额。假设利用率和使用效率也得到同步提高的话，通过回收利用这些钢铁业副产品我们应该可以在其他行业实现每年减少约4.6亿～8.5亿吨的CO_2排放。在全球范围内利用炼钢副产品可以大幅度减少CO_2排放，并且可以节省大量的原材料。然而多部门方法的成功实施不能仅靠钢铁业的单方努力，这也取决于政府部门的政策制定，金融机构和其他行业的支

	副产品二氧化碳减排潜力	产量(2007年)	利用率(2007年)	主要用途
高炉炉渣	淬渣	1.14亿到1.94亿吨	95%～99%	水泥
	风冷渣	0.67亿到1.14亿吨	80%～85%	道路建设
炼铁炉渣	转炉钢渣	0.85亿到1.36亿吨	60%～70%	道路建设
	电炉钢渣	0.58亿到0.67亿吨		
		3.24亿到5.11亿吨		

图1－3 2007年炉渣的主要商业用途

（资料来源：国际钢铁协会，《21世纪的钢铁（2008—2009）》）

持，以及公众的选择。

（4）钢铁产品的转换。钢铁和其替代材料的生产和钢铁在其生命周期里的应用都会产生大量CO_2，因此应立足于控制并降低钢铁产品在全生命周期中的碳减排。从钢铁最终产品的转换来看有三种策略，可见表1－8。

表1－8 使用钢铁的三种减排策略

方 式	内 容	备 注
产品更替	用一种钢铁加工产品取代另一种产品	风能、高速铁路
材料替换	用更替材料替换其他材料	包装、钢结构
品级换代	更换使用新级别的钢铁产品	桥梁、电工钢、客车

注：此处示例仅代表钢铁的部分应用领域。这三种更替方式适用于所有应用领域，使采用钢铁的益处得到整体提升。

1）产品更替。产品更替是指把所采用的钢铁加工产品从一种改为另一种，而这种新的产品可满足相同要求但温室气体排放强度更低。

例如，使用替代能源（如风能）可显著减少对矿物燃料的依赖。建造一个风力涡轮（底座除外）所用的全部材料中，钢铁占到85%左右，用风代替煤生产1kW·h的电，可减少高达80%的排放。

钢铁对乘坐高速铁路旅行而言同样至关重要。对于1～2.5h的旅程，预计越来越多的旅客会青睐铁路而不是飞机。高速铁轨所用的钢轨，单根最长可达120m。就短程旅行而言，用铁路替代航空旅行可把每人每公里的排放减少多达90%。

2）材料替换。材料替换即用钢铁代替其他材料，以更低成本和更少的能耗获取更高的结构性能。

例如，用钢结构取代建筑物中的混凝土结构潜力巨大。钢铁结构可在场外预先组装，从而有助于减少材料浪费和运输。运用适当的设计可以使钢结构具有更好的抗震性能，并且在建筑物使用寿命到期后，废旧部件也能更高效地回收再利用。与混凝土结构建筑相比，钢结构在建筑物的生命周期中可减少约20%的二氧化碳排放。钢铁不会腐烂或裂缝，也不会发霉或遭白蚁蛀蚀。钢铁提供的单位重量强度系数高于任何其他建筑材料。

3）品级换代。在品级换代的过程中，传统的低碳软钢被新型先进钢种（如高强度钢）取代。这些新品种钢材有助于减少许多钢制产品在其生命周期中的二氧化碳排放。

举例而言，使用先进高强度钢（AHSS）替代一辆标准五人座轿车中的传统钢铁，可减少该轿车生命周期中6%的温室气体排放，此减排量比为生产这辆车所需的全部钢铁而排放的二氧化碳排放总量还要多。

对桥梁而言，高性能钢铁使得跨度更大、维护更少和使用寿命更长。因此，在桥梁的生命周期中，使用高性能钢可以比传统钢减排40%之多。

只要是发电的地方就会用到电工钢。电工钢新级别的不断开发和应用，减少了变压器中的能量损耗，这意味着各种新级别产品的应用降低了其生命周期中的二氧化碳排放。

总的来说，低碳发展不仅是发展低碳经济，也要求消费模式的转变，以更加低碳的方式进行出行与消费即低碳消费。因而，在当前阶段低碳发展需要政府、企业和公众的共同参与，逐步转变当前的经济增长方式和消费模式，走可持续发展之路。而这一转变的核心主体是企业，尤其是能源资源企业，如煤炭、矿产、钢铁、冶金等行业领域的企业，转变的关键在于企业能效的提高。而企业是自负盈亏、独立经营的经济实体，没有必然的义务去付出较高代价以提高能效，尤其是在当前，能源资源企业价格形成机制扭曲、环境产权化缺失的情况下，企业依靠传统的外延式扩张战略多使用能源资源就能多获得收益，根本就没有动力去提高能效。因而，中国钢铁工业的低碳发展必须紧紧围绕企业的内外部激励与约束进行，改革与企业内外激励与约束不相适应的体制机制，构建企业低碳发展的长效机制。构建这种长效机制，需要政府的宏观调控、公众的监督、市场竞争的压力，也就是要求政府的财税支持政策、产业支持政策、市场的竞争机制、公众的监督机制必须同时发挥作用。

第五节　国际化深入

经济全球化已成为当今世界经济发展的主流。钢铁企业提高国际市场竞争力，参与激烈的国际竞争，已成为我国钢铁工业发展的趋势之一。

钢铁工业作为国民经济发展的基础产业，上游涉及铁矿石、煤炭、石油天然气、铁合金等行业，下游覆盖建筑、机械、汽车、造船、铁道、家电、石化、集装箱等行业。我国的钢铁工业面临着铁矿石对外依存度高、钢铁产能过剩等问题的严重困扰，钢铁企业必须通过全面创新，培育和拓展企业核心竞争力，积极进行国际化经营，与国内外上下游企业以及竞争对手结成战略联盟，在全球整个大环境下获取生存和发展空间。未来 40 年乃至更长时期，推进国际化战略深入将成为我国钢铁企业发展的一个重要特征。

一、国际化的基本内涵和动因

国际化是指企业以世界市场为导向，国际性地利用生产要素和治理技能，主动参与国际分工和国际竞争，寻求在全球市场的生存和发展。

国际化战略有两种基本形式（见图1－4），业务层国际化和公司层国际化。业务层国际化主要包括以下一般业务层战略：成本领先、差异化、集中化。公司层国际化包括3个类型的战略：国际本土化、全球化和跨国经营。当前国际钢铁业领先企业的国际化战略实施大多已提升到公司层，初步实现了原材料来源、生产能力、销售网络在全球范围内的优化配置。

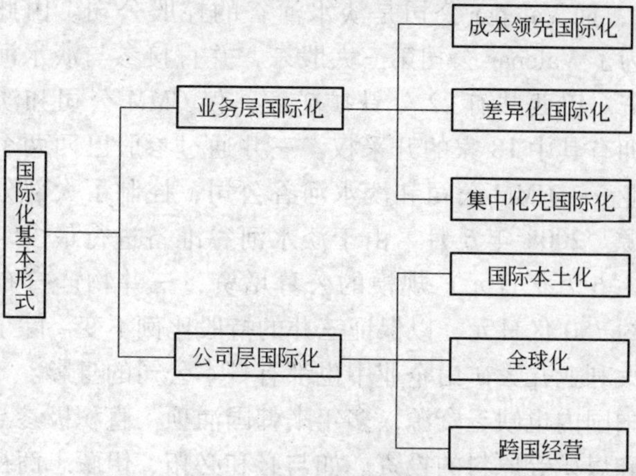

图1－4　国际化战略的基本形式图

世界钢铁企业纷纷走上全球化发展之路，既是世界经济潮流所致，也是企业自身调整结构、保证生存发展的迫切需要。具体来说，钢铁企业国际化经营的动因包括以下几个方面。

（一）确保资源供给

钢铁原料在世界各国分布极不平衡，许多产钢大国严重依赖国外资源。为了确保长期稳定的资源供应，一些钢铁企业在国外直接投资建立自己的资源基地。最早参与矿山开发的是日本公司。仅以日本参与巴西铁矿开发为例，早在1971年，三井物产就开始了对巴西联合矿业公司（MBR公司）的投资。1997年，三井物产拥有巴西资源公司CMM公司40%的股权，而CMM公司拥有MBR公司84.8%的股份。2001年12月，三井物产与淡水河谷合作完成了针对CMM的股权交易。此后，三井物产继续扩大和深化与淡水河谷的合作，扩展到铁矿石业务之外如金融援助、技术提供等领域，并建立了员工培训和情报互换机制。2003年9月，三井物产出资8.30亿美元收购了Valepar公司1960.7万股的普通股（相当于淡水河谷总股份的5.05%或普通股的7.84%），而Valepar公司是淡水河谷的控股公司。由此，三井物产成为了Valepar公司第三大股东，并直接参与淡水河谷的经营和投资。巴西共有22处铁矿矿藏，仅CMM公司和淡水河谷公司就拥有其中18家的开采权。三井通过参股巴西两个最大的铁矿企业——CMM公司和淡水河谷公司，控制了大部分巴西铁矿石资源。2008年6月，由于淡水河谷准备进行最多150亿美元（约1.6万亿日元）规模的公募增资，三井物产宣布向其追加出资约750亿日元，以保证三井的持股比例不变。除了巴西之外，澳大利亚几大矿山企业中也都有日本公司的身影。

韩国国内也缺乏资源，多年来韩国浦项一直积极参与对海外铁矿石和煤矿等原料的投资。如与必和必拓、伊藤忠商社和三井共同参股西澳Jack Hills铁矿项目；与伊藤忠商社、新日铁通过竞标从巴西国家钢铁公司收购Namisa铁矿40%股份；在澳大利亚南威尔士4家煤矿和昆士兰4家煤矿持有股份等。2010年，浦项收购西澳大利亚的Roy Hill铁矿公司3.75%股份，并有望进一步增持股份至15%。韩国浦项计划将其原料自给率从2009年的18%提高到2012年的30%。

印度企业也越来越积极参与世界钢铁原料的竞争。目前印度钢铁管理局（SAIL）年进口焦煤约9~10Mt，随着产量提高，相应焦煤进口将进一步增加，为此将加快对海外焦煤资产的收购，其途径是通过国际煤合资公司（ICVL）收购印度尼西亚、南非、蒙古、莫桑比克和澳大利亚的煤炭资产。SAIL 还将与印度其他钢厂如 JSW、RINL、京德勒钢和电力公司（JSPL）等联手开发海外焦煤资源。印度塔塔钢铁、京德勒西南钢公司以及安赛乐·米塔尔可能组建联合体，共同竞标阿富汗哈吉加克铁矿（Hajigak）。

在我国钢铁企业的海外投资中，资源开发型投资占有很大的比例，其目的在于确保长期、稳定和优质的进口资源。比如：宝钢在澳大利亚资本市场上收购了阿奎拉（Aquila）公司15%的股权。阿奎拉公司有很多好的资源，有铁矿、焦煤和锰矿；中钢集团在澳大利亚合资经营恰那铁矿；首钢收购秘鲁铁矿，每年可保证向国内提供一千多万吨优质矿石。

（二）避免贸易摩擦

钢铁工业作为一种具有战略意义的基础产业，许多国家都对其加以保护，从而影响钢铁产品的自由贸易。为了避免贸易摩擦，绕开贸易保护壁垒，钢铁企业被迫选择直接投资在当地设厂的方式，实现就地生产就地销售。如美国在 1984 年实施“钢材出口自愿限制协议”，受此限制促使日本钢铁企业直接进入美国建立合资钢铁厂，以避免贸易摩擦。我国钢材出口多以价格低廉和附加值低的产品为主，在国际分工中处于低端，容易被欧美等国家和地区以反倾销方式实施出口限制。只有更好地利用国外的市场和资源，在国外建厂炼钢，才能有效避免遭受贸易保护的打压。

（三）进行产业调整

为了降低生产成本，全面提高国际竞争力，实现生产要素在国际范围内的最佳配置，发达国家的钢铁企业不断向发展中国家进行产业转移。在其对外投资的浪潮中，发达国家钢铁企业将国内已经淘汰或即将被淘汰的技术和设备输往国外（主要是技术落后而劳动力相对低廉的发展中国家），从而实现国内产业结构的高级化。

（四）满足用户需要

近20多年来，汽车、家电、机械等钢材用量大户的国际化程度日益加深，它们基于运输便利、价格适中、服务到位、汇率稳定等原因，倾向于在当地购买钢材。如20世纪80年代，日本钢铁企业跟随本国汽车、家电厂商的海外投资步伐，先后在北美、东南亚等地投入巨资购买生产企业或建立服务中心，为它们的固定用户提供优质、便捷的服务。

与直接投资建设或收购目的的钢厂的投资扩张型国际化不同，产业链型国际化并不扩大冶炼规模，而是消化由于本国内需不足而富余出来的产能，即以销售本国产冶炼产品为目的。同时，通过为用户提供加工服务一方面提升产品的附加值，另一方面也使生产企业与用户的关系更加紧密。

在这方面非常突出的是日本和韩国钢铁企业。以韩国浦项为例，2007年浦项钢铁建立“global 4444 战略”，即到2010年在海外40个国家成立40个加工中心，并实现40亿美元销售额和4000kt销售量的目标。到2009年12月，浦项钢铁就已在海外拥有了41家加工中心，其中中国12家，东南亚9家，日本6家，印度4家，墨西哥3家，东欧4家等。这41家加工中心的加工能力达到4340kt。

由于我国对外资进入钢铁冶炼行业有一定的限制，外资将投资集中在深加工行业。截至目前，浦项在我国有5家生产型企业，有18家加工配送中心，这些加工配送中心每年从韩国进口钢材超过2000kt。日本的三井公司在我国也建设了27家钢材加工配送中心，每年从日本进口钢材超过3000kt。除了日本（三井）、韩国（浦项）企业在中国设立加工配送中心之外，一些欧盟企业也纷纷进入中国设立加工厂。如意大利最大的钢铁加工企业之一玛切嘉利钢铁集团（Marcegaglia）中国扬州工厂于2011年4月正式开业。瑞典SSAB公司将参照上海现有中心的模式，考虑在中国、马来西亚、越南和印尼等国建立服务中心。

（五）利用国际资金

钢铁工业投资巨大，许多国家在发展钢铁工业的过程中不同程度地面临资金不足的难题，一些钢铁企业充分利用海外渠道筹集资金加快发展。在吸引外资的过程中，钢铁企业比较重视在全球著名的证券市场进行直接融资。

二、中国钢铁工业国际化所处的阶段和存在的问题

与世界先进钢铁企业所处的国际化阶段相比，中国钢铁企业的国际化战略实施还处于起步阶段。大多数企业对国际化战略的理解还停留在“进口原料、出口产品”的层次，且大多停留在业务层，如设立海外分支机构确保原料来源和产品出口，少数企业则开始尝试推进公司层国际化战略，如参股国外原材料供应商、设立海外生产基地等。

从整个行业来讲，目前我国钢铁处于产品出口阶段，即基本上是物质阶段。这个阶段的特点包括以下几个方面：

（1）大规模的产品出口造成能源消耗、污染留在国内。钢铁产品是高能源载体，我们出口的钢铁产品越多，GDP能耗也越大。在今后全球范围内获取能源难度越来越大的情况下，大量出口高耗能的钢铁产品，并且出口量越来越多，不利于国民经济节能降耗目标的实现，有损于中国的能源安全，有损于经济的长远发展。另外，钢铁生产还对环境造成一定的污染，这也是发达国家钢铁产业转移的主要原因之一。因为多方面因素影响，我国承接了这种转移，在向发达国家大量出口钢铁产品，促进其经济繁荣的同时，却将环境污染留在了国内，不利于和谐社会的建立和中国经济的可持续健康发展。

（2）出口产品附加值低，易造成贸易摩擦。从2006年我国

由钢铁产品净进口国变为净出口开始，几乎所有大类品种，包括棒线材、板材、型材、管材等都是净出口（见图 1－5）。图 1－6、图 1－7 所示为 2005～2010 年进口钢材平均价格和出口钢材平均价格，比较图 1－6 和图 1－7 不同大类产品的进出口价格，可以看出各种产品的进出口价格水平相差很大。以价格最高的管材为例，2010 年管材进口平均价格约为 3600 美元/t，出口平均价格不到 1050 美元/t。由此可见，进出口产品的产品附加值相差很大，出口产品的产品附加值远低于进口产品的产品附加值。

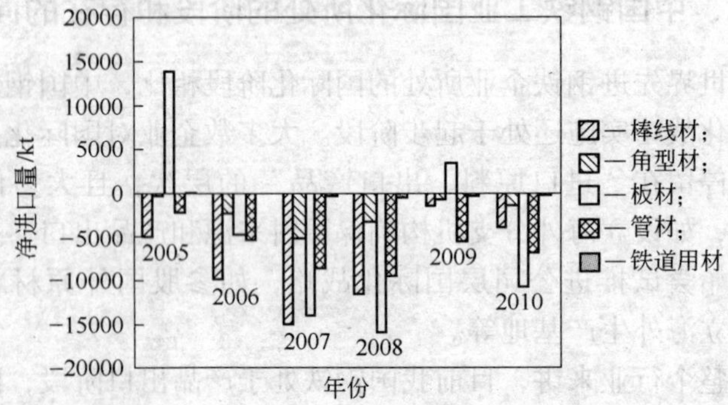

图 1－5　2005～2010 年钢材的净进口结构

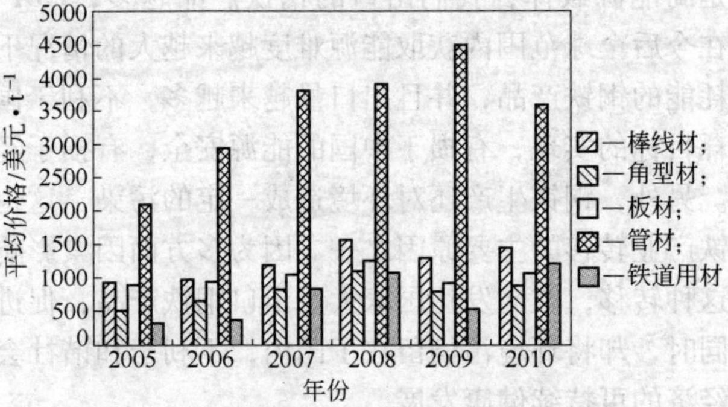

图 1－6　2005～2010 年进口钢材平均价格

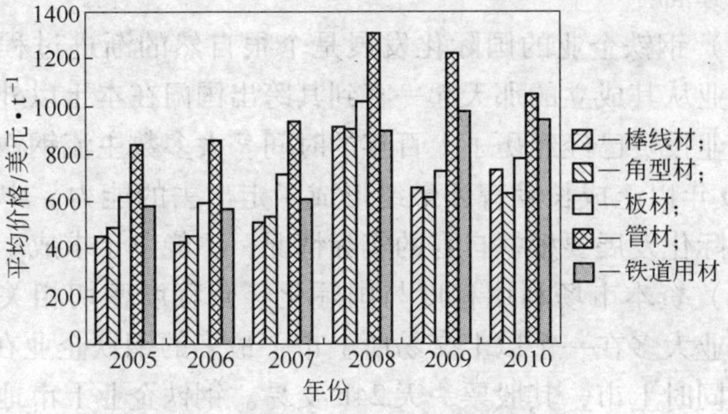

图 1－7　2005～2010 年出口钢材平均价格

我国钢材出口企业“小、多、散、杂”。出口产品结构失衡造成某一品种出口量突发性增长的局面，容易引起反倾销调查。欧美等国家，甚至一些发展中国家都通过贸易保护措施加大了对我国包括钢材在内的出口货物的限制。目前多数发达国家尚未承认我国具有市场经济地位，这给它们借反倾销、反补贴之名对我国出口货物实施贸易保护提供了便利。

（3）研发水平不高，资金和技术不足。我国钢铁产业集中度过低，那些缺乏必要的技术投入和资金投入的中小钢铁企业大量存在，其起点低、规模小、技术装备水平差。大量中小钢铁企业无力在产品研发上进行大量的投入，行业的创新能力不强，先进生产技术、高端产品研发和应用还主要依靠引进和模仿，一些高档关键品种钢材仍需大量进口，消费结构处于中低档水平。

三、全球钢铁业在国际化趋势下的发展特点

国内外主要钢铁企业的国际化经营集中在 3 个板块：原材料供应、钢材生产、钢材加工和售后服务等。在国际化趋势影响下，各国先进钢铁企业都结合自身发展特点纷纷开始制定实施国际化战略，我国钢铁企业也发挥“后发优势”，加快提升国际化经营水平。全球钢铁业在国际化趋势下的发展特点主要表现在以

下几个方面：

（1）钢铁企业的国际化发展是个很自然的渐进过程。有的钢铁企业从其成立的那天起一直到其跨出国门在本土以外进行直接的实业投资已经经历了上百年的时间。大多数主流钢铁企业经过了 40 年以上成长发育才最终形成了走出去的能力。中国钢铁业的国际化发展要根据自身的实际情况，不能急于求成。

（2）资本市场利用程度与国际化经营程度密切相关。国外钢铁企业大多在一个以上交易所上市，最多的钢铁企业在全球 5 个地方同时上市，其股票一天 24h 交易。钢铁企业上市地数量越多，其在公众中的知名度越高，越能获得国际市场认可，其国际化经营的程度越深。中国钢铁企业要获得更大的发展，尤其是要获得更大的国际市场发展空间必须改善自身在资本市场的形象，并尽量多在海外上市，即抓紧实施国际资本市场融资，以资本国际化促进产业国际化。

（3）文化与地域相近是钢铁企业国际化发展必须遵循的原则。安米所收购的钢厂大都处于欧洲、独联体和美洲地区，很少涉足远东的中国、日本和东南亚等地区。日本和韩国钢厂国际化发展的重点区域在中国和东南亚，日韩钢厂很少涉足欧洲地区的直接投资，连向欧洲出口也比较少。盖尔的国际化几乎全部局限在美洲地区。

（4）清晰而稳定的国际化战略是钢铁企业国际化发展的前提条件。世界主流钢铁企业均制定了比较明确而可操作性的国际化发展战略，企业能有效把握战略精髓，选择能与竞争对手有所差别的活动，创造国际化竞争中的取舍效应。举例来说，安米国际化战略是以资本运作为手段，跨越式地成为全球最大的钢铁产品的制造商和服务商及钢铁原料的生产商。浦项的国际化战略是以国际化的思维和人才为突破口，实施全球化的供、产、销、研。而国内钢铁企业大都没有清晰的国际化战略，中国钢铁企业要走国际化之路首先要根据我国所处的环境及自身的能力特点制定切实可行具有差异化的国际化战略，切忌将战略等同于无法检验操作的空洞口号。

（5）企业的国际化战略要与母国和目标地国家的宏观战略结合起来协同发展。每一个国家都有国家的宏观发展战略，涉及自然资源、贸易及外汇平衡、国际影响力、文化和外交影响力、国家援助等内容。企业战略则涉及市场开拓、追求盈利、成本核算和技术领先、业务转型及商业模式选择、资本市场的利用等。钢铁企业如果能把国家战略和企业自身的国际化战略结合起来，还能够兼顾目标国的国家战略，则其国际化事业将会事半功倍。

（6）国际化发展的形式和路径要顺应企业自身特点和市场环境特点。新建投资比较适合于钢铁消费具有增长潜力的地区，也较适合于钢铁生产技术优势比较强的企业；收购兼并方式比较适合于钢铁市场饱和地区，也较适合于钢铁生产技术无明显优势但管理整合能力强的企业；战略联盟方式比较适合钢铁市场竞争比较激烈的地区，也较适合于无国际化发展经验的钢铁企业。钢铁企业需要认真分析自己的能力特点是什么，以及选择什么样的市场作为国际化的初始市场——只有明确了这两点才能选择国际化的发展路径。

在国际化具体做法方面，我国钢铁企业应根据自身发展特点以及我国经济发展不同阶段采取不同的国际化方法与步骤。在方法上可以采取股权交易等资本运作的办法，当然，前提是自己首先要市场化、国际化，否则无法进行股权交易。与此同时，也可以尝试实行跟随战略，即跟随下游用钢行业走向世界。但目前情况看，下游行业国际化水平还不高，还达不到可以推动钢铁行业跟随出去的水平。一方面是规模不够，另一方面是水平不高。

向产业链上游的发展仍然值得关注。未来的钢铁资源保障体系建设应是以增强资源配置的保障能力为主线，通过签订长期采购协议确保稳定原燃料供应；掌握国内外原燃料矿山资源（直接投资和间接投资）；特别是优质矿山资源（开发成本较低）；保证运输物流顺畅廉价，创新高效采购管理模式，进而控制钢铁制造的原料成本。尽管近年来我国走出去投资国外矿产资源的情况感觉很多，但从世界发展趋势来看，我国的步伐仍然不够。据有关资料显示：2010 年全球矿业交易中只有 6% 涉及中资买家，同期加拿大买家的交易占比达 36%，美国和澳大利亚买家的交易占比分别为 16%。虽然已经掌握了国外一些资源，但与我国庞大的需求相比，仍远远不够。

从钢铁行业发展的角度来看，影响其未来发展趋势的诸方面影响包括中国产业结构升级、制造业服务化转型、信息化渗透、低碳化发展以及国际化深入等因素，通过对上述影响因素的详细分析能够为后期钢铁工业价值体系、竞争力要素结构乃至盈利模式的变化趋势提供分析的基本框架和结构。

第二章

钢铁工业价值创造体系的变化趋势

钢铁是一种独一无二的多用途材料，几乎与生活的方方面面都息息相关，从住宅、食品供应、运输到能源供给、机械装置和医疗，无一例外。事实上，钢铁的用途如此广泛，以至于人们日常所用的任何东西几乎都与钢铁有关，要么直接由钢铁制成，要么间接由钢制设备生产而来。不仅当前社会大量依赖钢铁，人类日后成功应对气候变化、贫穷、人口增长、水资源分配和发展低碳经济带来的能源瓶颈等挑战，也都将在一定程度上依赖钢铁的应用。

未来钢铁厂应具有三项功能，即：钢铁产品制造功能（构建高效率、低成本洁净钢生产体系），能源转换功能（能量流网络体系的构建，能源效率的提高和充分利用），大宗废弃物消纳、处理和再资源化功能（环境友好、循环经济、工业生态园）。在充分理解钢铁制造流程动态运行过程物理本质的基础上，面对世界宏观经济发展的新形势以及钢铁工业工艺技术发展的新阶段，钢铁企业的功能和定位面临哪些新的变化，其价值体系又有哪些方面的新拓展？

以下分别从钢铁产品生产制造、钢铁材料服务提供、能源转化、废弃物消纳处理以及再资源化等方面进行详细分析。

第一节　钢铁产品生产制造

钢铁作为一种重要的结构材料及功能材料的位置，在可预见的时间范围内不会发生重大变化。从钢铁制造流程动态运行过程的物理本质出发，可以推出其基本功能为：铁素流运行的功能，即钢铁产品生产制造功能。

钢铁产品生产制造功能是建立钢厂的初衷和基本出发点，在未来发展过程中，既要考虑市场竞争力，同时又必须重视可持续发展能力，对于未来钢厂的产品制造功能，应该从如下视角出发来思考技术进步的战略性问题：

(1) 以过程耗散“最小化”为核心目标，建立动态—有序、连续—紧凑的新一代钢铁制造流程；

(2) 以过程冶金的解析—集成优化为原则，建立起针对不同产品的高效率、低成本“洁净钢平台”；

(3) 以材料工程为指导，规范不同钢铁产品的合理性能并实现产品换代。

联系上述未来钢铁行业技术进步的方向，以及资源和环境对钢铁工业发展的要求，依据“研发—制造—产品”这一动态运行过程，分别从钢铁产品研发创新、钢铁产品绿色制造和钢铁产品升级替代 3 个方面对未来几十年钢铁产品生产制造的特点进行详细分析。

一、钢铁产品研发创新

国外典型钢铁企业之所以可以说具有很强的竞争力，其中最为关键的一点就是他们都具有很强的技术开发能力，不仅可以开发出满足各类用户各种需求的产品，而且还借助其强大的技术开发能力引导用户使用新钢材。

国外著名钢铁企业在研发方面的特点包括：有多家研发机构，从事不同方向的研究；投入了大量的研发经费，保持研发的可持续性；在开发高端产品的同时，也比较重视新工艺的开发；研发与经营实现了良好的结合，研发部门将市场部门涵盖在内，实现研发产品快速上市；与 OEM（代工）合作开发，除了汽车业之外，已经拓展到了家电、造船、建筑等领域。此外，跨国经营型钢铁企业在实现生产和管理协同的同时，又努力实现研发协同。

如蒂森·克虏伯与日本JFE的技术战略联盟始于2002年。2002年4月，蒂森·克虏伯与当时日本的第二大钢铁公司NKK和第三大钢铁公司川崎制铁（于2002年9月合并为JFE集团）签署广泛合作协议，构想不仅联合开发出直接适合于全球汽车制造商要求的汽车用材，而且还要建立一个全球供应网络体系，通过协作来不断地增强各自的竞争力。该联盟的协作包括：一是互相交换先进技术，公司间相互交换各自的技术，合作开发具有优异加工性能（如涂层面板）的相关技术，从而拓宽各自在全球汽车制造商之间的业务，同时，蒂森·克虏伯还将其拼焊板的技术关键提供给了JFE公司；二是联合开发项目，包括开发革新型的高强度钢，使其具有高成型性、涂镀性和良好的表面性能；开发新的涂镀技术以及为汽车制造商优化拼焊、成型、涂装等工艺技术。三是技术人才的储备和培养，蒂森·克虏伯与JFE为开发高附加价值汽车用钢材，于2004年10月交换研究人员，努力完成新一代高强度钢的研发工作。四是品牌共享，2004年末，蒂森·克虏伯还和JFE公司签署专利交换协定，这也意味着蒂森·克虏伯获得JFE授权，得以自行生产JFE公司的Nano牌钢铁产品，而JFE公司也同样可以生产蒂森·克虏伯公司的多相钢。最后，双方成立了由两家公司高层领导组成的推进委员会，共同推进战略合作问题，在推进委员会下又分别设置了高强度钢板和表面处理钢板、相关应用技术等多个工作组。

自20世纪80年代以来国外许多供应商就开始与用户进行合作创新，更多地参与到用户的创新活动中，出现了“供应商参与技术创新”。这种模式是指供应商参与到用户（主要指制造商）的技术改进、新产品开发和产品更新等创新活动。作为钢铁材料的供应商，实施“供应商参与技术创新”的模式对钢铁企业的益处主要有：

（1）提高企业技术创新能力。钢铁企业在参与下游用户创新的过程中可以获得和共享用户的信息和技术，拓展企业自身的技术能力。

（2）与下游用户形成紧密的战略合作关系。通过参与下游用户的技术创新过程，有利于钢铁企业与下游企业形成互惠互利的合作关系，增强企业的市场渗透力，有利于双方共同抵御市场波动对企业带来的负面影响。

（3）增强对潜在进入者的防御能力。钢铁企业通过参与下游用户的技术创新，与下游结成稳定的战略联盟，能够更加了解用户的需求动向，下游企业也更倾向于与已有供应商的合作。

关于钢铁企业参与下游用户产品、技术创新和改进的方式将在第二章第二节的“钢铁材料服务提供”中有详细的分析。

通过钢铁企业之间的研发合作以及钢企参与下游用户的技术创新过程中，不断开发出各种新产品、新设备和新工艺，这些企业得以主导钢材需求市场，引导钢铁产业的技术发展。在通过新产品获取较高附加值的同时，还可以通过所属工程公司对外推销其新设备获得更高收益。这些都是我国钢铁企业在未来发展中可以学习和借鉴的经验，也符合钢铁工业未来的发展趋势。

二、钢铁产品绿色制造

当前世界钢铁工业的发展环境发生了深刻变化。炼铁原料质量下降，资源、能源价格高涨，二氧化碳减排问题，都对钢铁制造的各个工序提出更为苛刻的要求。钢铁材料生产所用的原料运到钢铁厂后组织制造加工，制成钢铁材料后，输送到用户手中，进行进一步的加工组装，制成最终产品，提供用户使用，用户使用完毕之后，作为废弃物处理。在这个钢铁材料的生命周期中，还要附带产生一定数量的 CO_2、污染物、废弃物等。作为钢材加工的部门，不仅要考虑到在本工序的加工制造要满足减量化、绿色化的要求，同时还要考虑在后续加工和最终用户的使用中，进一步减量化，确保绿色化，以最小的环境负荷满足社会需求。

未来几十年，受资源、能源和环境的约束，应致力于发展“环境友好”的钢铁工业，即对环境的负荷最小、甚至希望不污染环境。因此，可以看成是最佳能源效率与最小环境负荷的钢材生产体系。广义地讲是要“改善环境”和“创造优良环境”，也可以理解为兼顾社会整体节能、降低社会环境负荷的协同优化生产体系——绿色钢材生命周期体系。所谓的绿色钢材生命周期体系，涉及资源、能源的开采、输送过程、钢材制造过程、加工组装过程、使用过程、废弃过程、回收利用过程等因果链。对这些过程进行生命周期的分析研究和检测评估也是非常重要的。在此，重点选取钢铁制造流程系统的优化、钢厂生产过程的排放与环境保护和钢材及其制品的“绿色度”3 个方面进行分析。

（一）钢铁制造流程系统的优化

钢铁制造过程的优化既包括环境友好、可持续发展又兼顾提高钢的市场竞争力。钢铁制造过程正以积极推进最有效技术（best Available Technology）为基本，不断使钢铁制造流程从间歇—停顿—流程长向紧凑化—准连续化—流程短的方向发展，以使物质收得率最大化、能源效率最佳化和制造流程时间最小化。

从铁矿石 + 能源—钢材—制品（工程）—废弃—再利用的过程看，分析不同类型钢厂的能源效率和环境负荷是重要的，如短流程钢厂的能耗及吨钢有害气体排放量都远低于高炉长流程钢厂。在此基础上组成若干区域性的兼顾社会整体节能、降低社会环境负荷、协同优化的钢铁生产体系也是值得提倡的。诸如钢厂与发电厂的结合，钢厂与建筑材料厂的结合，甚至某些地区的钢厂（利用排出的 CO、CH_4、H_2 等）与石油加工或某些化工厂的结合，可能会成为一种趋势。特别是一些新型还原炼铁装置的开发、应用，将有可能在新建钢厂时，就进行相应的投资（诸如发电站等）。这样，在某些特定条件下，有可能形成包括钢铁生产企业在内的工业生态链，甚至形成工业生态区。

必须注意到，就钢厂的环境友好而言，其根本是以节能、提高钢的收得率、改善钢的性能等为核心的钢铁制造流程的优化，它将从根本上有利于过程排放、排放物质和产品的“绿色度”。

（二）钢厂生产过程的排放与环境保护

钢厂是资源、能源的消耗大户，目前钢铁工业总能耗占全国工业总能耗的15%。降低钢铁制造过程的过程排放及排放物质对环境影响的有效途径有以下几点。

1. 再能源化

排放物质（包括剩余能源）再能源化的问题，主要集中在化学冶金过程中，特别是高炉炼铁系统中。高炉是以还原过程为特征的冶金装置，还原装置的排放尾气一般都含有剩余热值，甚至还包括动能。高炉联合企业正在向只买煤、不买电的方向发展（见图2－1）。一方面得到便宜的自产电力；另一方面又减轻了社会环境负荷。转炉煤气回收，可使炼钢厂实现“负能炼钢”，向钢铁企业反馈吨钢5～10kg标煤的能源。电炉炼钢过程中的废气余热回收技术，有可能使电炉炼钢吨钢节电100kW·h以上，并提高电炉的生产效率。

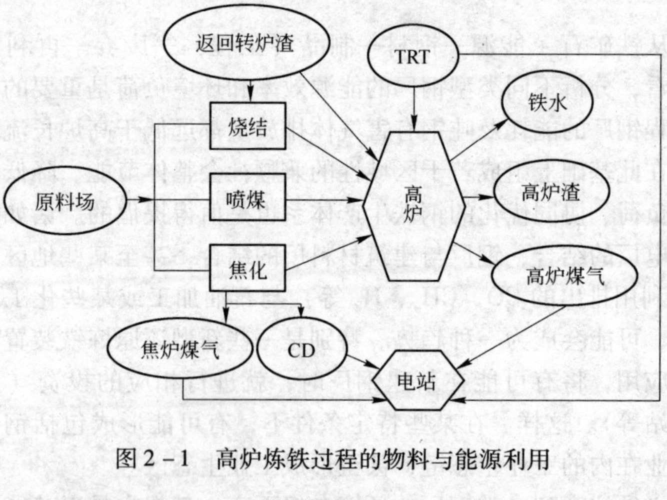

图2－1 高炉炼铁过程的物料与能源利用

2. 再资源化

高炉渣的再资源化率几近100%。转炉渣的再资源化也受到了充分的重视，然而各主要产钢国在转炉渣的再资源化方面还处在不同水平上，我国与日本的差距就不小（中国转炉渣利用率约为80%，日本转炉渣利用率为97.6%）。

3. 无害化处理

钢铁企业的无害化处理比较集中在水处理、烟尘处理以及某些有害刺激性气体的处理上。

对于水处理问题，电炉流程的钢厂要比高炉—转炉联合企业简单得多。然而更为根本的问题是：如何实现少用水、不用水或是水的充分循环利用。作为再能源化和不用水的典型例子就是干熄焦（DEF）。

对于钢厂生产过程中排放物的再能源化、再资源化以及无害化处理等方式，在后面关于钢铁企业能源转换、废弃物消纳处理等功能的介绍中有进一步详细的分析。

（三）钢材及其制品的“绿色度”

应该注意到钢材及其制品的性能、设计方法以及回收循环使用是环境友好的钢铁工业在社会上的重要体现。钢材及其制品与其他材料相比在不少方面显示出了它对环境友好的“绿色度”。同时某些“绿色度”的指标也可以用于比较不同钢材之间的相对环境友好程度。

1. 关于单位产品的环境负荷

不同钢厂及其制品的环境负荷主要取决于制造过程以及对资源、能源的消耗量。虽然，现在还缺乏不同钢材环境负荷的系统数据，但是，人们也不难看到螺纹钢筋与不锈钢冷轧薄板之间对环境负荷影响的差别，热轧薄板与镀锡薄板之间的环境负荷差别将更为直观。

提高钢材的性能，使之结构轻型化（汽车、啤酒罐等），改进钢制品的设计，使之更易拆解、分类并有利于收集处理等组成的钢制品的“绿色化”设计，也是改善钢材及其制品对环境负荷影响的重要途径。

2. 关于使用寿命与使用效率

提高钢材及其制品的使用寿命，提高耐久性和可靠性，是显示其“绿色度”的另一途径。改善钢板表面涂镀层、改善轴承钢的抗疲劳性能、改善不锈钢耐热、抗腐蚀性能以及一系列抗大气腐蚀钢材的开发等均属此例。

提高钢材的使用效率可以直接或间接地显示其“绿色度”。高强度耐腐蚀管线用钢的开发、轻型钢结构、钢制房屋的开发以及高性能电工钢板的开发、超临界高效锅炉用钢管的开发等属于此例。

3. 关于钢材及其制品对环境的污染负荷

这里是指来自钢材及其制品本身的环境污染负荷，如含有铅、铬等污染物的涂镀层钢板、含铅易切削钢等。目前，正在开发减少和淘汰这些易污染元素的新产品的工作（如无铬镀锌钢板等）。

4. 关于钢材及其制品的可再生性

钢材及其制品的循环使用率明显高于塑料、水泥、纸、铝、玻璃等大宗使用的材料，可以说可再生性相对来说是最好的。现在全球每年可回收 4 亿吨左右的废钢铁用于生产钢铁，在全球年产 13 亿吨左右的粗钢中占有相当大的比例。

为了再生循环利用，钢材及其制品在生产、设计使用、拆解、分类处理、收集等过程已经有了一系列措施，最为突出的是废旧汽车拆解、分类处理、回收。钢制罐头容器的回收率也达到了很高的水平（目前日本钢罐的再资源化率已达 80%）。

钢铁工业属于流程制造业。钢铁制造过程从本质上看是集物质状态转变、物质性质控制和物流有序、有效管制于一体的生产制造体系。在钢铁制造体系中大量的物质/产品流、大量能量转换过程、多种形式的排放过程和大量的排放/废弃物都对环境造成不同层次、不同程度上的影响。钢铁工业未来几十年的重要命题（也是根本性的命题）之一就是走绿色制造的道路，构筑可持续发展的钢铁工业。

三、钢铁产品升级替代

虽然以降低碳排放为主题的哥本哈根会议只达成了一个不具有法律约束力、缺乏实质内容的《哥本哈根临时协议》，但会后许多国家已开始对减少碳排放等问题进行可操作性探讨，产业结构调整、低碳能源发展、节能减排技术、清洁能源等低碳技术越来越得到重视。如在哥本哈根气候变化大会前夕，中国承诺“到2020年我国单位国内生产总值二氧化碳排放比2005年下降40%~45%”。尽管气候危机会不会又一次让钢铁工业进入低速增长期，现在还不得而知，但低碳经济必然又一次拉动钢铁技术的大突破、大提升，必然拉动新型、高强、长效、环保型钢铁产品的开发力度和扩大使用范围，如在建筑业中用高强度钢筋替代普通钢筋；在汽车制造中更广泛地应用高强度钢材，从而达到减重节油的效果等。

钢铁产品的升级和替代可以提供一系列二氧化碳减排的解决方案，具体有如下三种途径：

（1）用途转换——使用钢铁作为低碳经济的基础材料。用途转换指在服务于同一目的时，通过钢材的一种应用代替钢材的另外一种应用，使得所产生的温室气体强度减少。例如，为了降低对矿物燃料的依赖，预计风力发电将成为一个日益重要的能源来源。钢铁对风力发电的发展有很重要的作用，风力涡轮机大概85%的构件是由钢铁材料制成的，这还不包括塔基所需的钢材。从2003~2008年，风能的年平均增长率达到了25%，而利用风能取代煤炭发电，每生产1kW·h电能减少的CO_2排放量高达80%（见图2-2）。

钢铁对发展高速轨道交通也很重要，对于1~2.5h的旅行，高速轨道将获得比航空更高的市场份额。未来的技术有可能把单节铁轨的长度延长到120m。在短途旅行中用轨道来代替航空旅行每名乘客每公里可减少高达90%的CO_2排放。

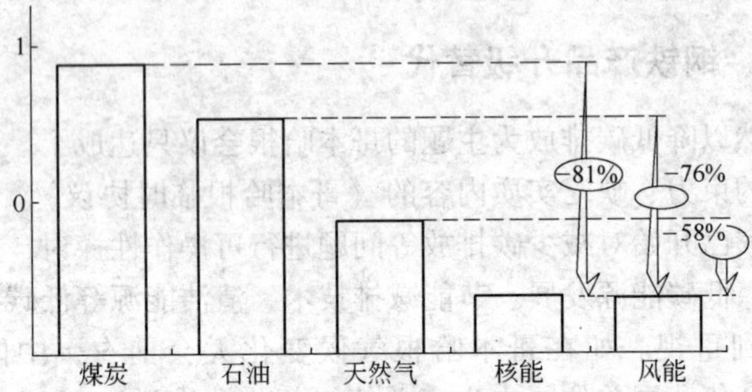

图 2－2　风力发电生产每千瓦时电能所产生的 CO_2 排放比（kg）

（资料来源：美国风能协会（AWEA）数据）

（2）材料替代——选择合适的钢材来代替温室气体密集型材料。材料替代是指通过利用钢铁替代其他材料来实现 CO_2 减排目的。例如，在建筑物中用钢结构来替代混凝土的范围很广。对于远距离施工来说，钢铁是理想的材料，这可以帮助降低损耗和物流。此外，钢铁的使用还让建筑更方便改装或者拆卸迁移，从而避免先破坏再重建。适当的设计可以使钢结构部件在其生命周期结束后还能够保持较高的再使用率和循环利用率，而且钢结构的抗震性能优良。与混凝土结构建筑物相比，钢结构在其整个生命周期里可以减少大约 20% 的 CO_2 排放量。在森林资源匮乏的地区，钢材是理想的木材替代品，并且有助于抑制森林砍伐。与木材相比，钢材不易腐烂也不易断裂、不会发霉也不会遭受蚁害。此外，在所有建筑材料中钢材的强度质量比也是最高的。

用钢材替代塑料存储包装食物也能起到节能减排的作用。尽管生产一个钢罐的能耗高过一个塑料袋或一个硬纸板包装盒，但是钢罐保存的食品不需要额外的冷藏程序。研究证明，考虑到区位和其他因素的不同条件，钢罐装青豆比冷冻储存方式的青豆在产品生命周期上减少了近 30% 的 CO_2 排放当量。

（3）新型钢材转换——选择新型和改良型钢材代替传统钢

材。自2001年以来，我国钢铁工业进入快速发展时期，钢产量从2001年的1.52亿吨增加到2010年的6.27亿吨，增长了3.1倍。在此期间，我国炼铁、炼钢、轧钢产能迅速扩张，炼铁、炼钢、轧钢等关键设备重复引进。一些高技术含量的高端产品，如高速铁路用车轴、高速铁路用轴承钢、特种耐腐蚀油井管、船用耐蚀钢等关键钢材产品仍然满足不了要求，仍然需要进口。世界钢铁强国的竞争力主要体现在已形成钢铁新材料基础性前瞻性研究、生产技术储备、应用创新研究、引导市场消费的完整体系，始终走在引领世界钢铁新材料发展的前沿。与之相比，我国钢铁行业一直处于仅仅满足当前用户需求的局面。因此，我国钢铁工业由大转强，需要特别重视钢铁新材料产业的发展。

未来的新型钢铁产品较以往更轻、更薄，同时也更强韧、更安全。它们更易于焊接和成型，并且拥有更佳的耐腐蚀性和耐火性。在风力涡轮机、高速轨道、创新型乘用车和桥梁制造等众多应用中，钢材在减少CO_2排放方面经常是唯一或者最佳的选择。

在向新型钢铁转换过程中，传统的低碳钢正在让位于高强钢等新开发的先进钢铁。如果能够得到应用，那么这些创新型钢铁将使更多的产品在它们生命周期里实现CO_2减排（见图2－3）。

举例来说，在1辆典型的5座乘用车中，如果采用高级高强钢（AHHS）来替代传统钢材，会使该产品的终生CO_2排放当量减少6%。而这种CO_2排放量的节省量要比生产1辆车所使用的全部钢材所排出的CO_2排放总和还要多。如果全世界销售的汽车（2010年为7200万辆）车身结构都采用高级高强钢来替代传统钢材，那么世界汽车产品将减少1.58亿吨的终生CO_2排放当量。许多比CO_2更能影响全球变暖的其他温室气体是在其他非钢铁材料的生产过程中排放的。特别是在新能源汽车对于传统汽油燃料车辆越来越具有替代优势的情况下，钢材只有通过不断的技术进步才能继续保持汽车用材料中的主导地位。

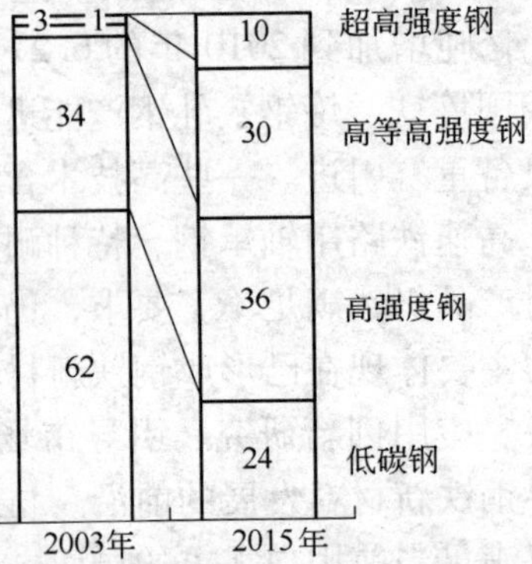

图2－3 2003年和2015年新型钢铁占汽车车身制造的比例（单位:%）
（资料来源：麦肯锡，《明日的汽车产品》，2006年）

使用高性能钢铁不仅延长了桥梁的跨度，减少了维修费用，也能增加桥梁的使用寿命。研究发现，使用高性能钢材可以使1座桥梁的终生 CO_2 排放当量减少40%。

另外，由于新型电工钢种的持续开发和越来越广泛的应用，变压器中损失的能量降低，这也导致发电系统的终生 CO_2 排放当量的减少。

低碳产品和技术的设计和使用本身已经减少了 CO_2 排放，而应用新钢种也可提高钢材的经济效益。例如，一个高约70m的典型现代风力发电机塔筒的质量只有140t。如果和10年前相比，这比传统钢铁节省大约50%的质量，也使每一座风力发电机减少了200t的 CO_2 排放。

未来几十年，钢铁工业面临着严峻的挑战，它包括了经营成本、产品质量与性能、生产效率与合理规模、能耗与过程排放、环境与生态等多目标群优化。这些挑战，主要应从钢铁产品研发创新、钢厂生产流程优化、绿色化以及钢铁产品升级替代等方面来解决，钢铁企业只有深入拓展钢铁产品生产制造功能，才能增强市场竞争力和可持续发展能力。

第二节 钢铁材料服务提供

转变钢铁企业的功能和定位还包括钢铁企业从“钢铁产品”制造商转变为“钢铁材料”服务商、从以“钢材市场”为中心转变为以下游“用户”为中心、从向钢材市场投放产品为主转变为向用户提供“部件”与服务为主，这样就可以避免将大量钢材直接投向市场，受市场波动的影响；可以先期掌握用户对钢材的性能要求和“部件”的需求，有针对性地调整本企业的品种质量结构，并形成稳定的用户群；可以缩短从产品生产到产品消费的路径，做到真正意义上的以销定产，而不是大量依靠经销商的订单以“销”定“产”；可以提高终端用户企业的生产效率，缩短用户的产品制造周期，减少用户在钢材加工方面的设备、人力、场地等投入，减少用户在钢材采购方面的库存和资金占用，从而提升用户企业的价值，与用户实现“双赢”。

一、以用户需求为导向的产品开发

钢铁企业“以用户需求为导向的产品开发”旨在钢铁材料供应进入下游用户的早期研发阶段充分了解用户对原材料的性能要求，从而为客户提供更高性能材料以及个性化的服务。当前，我国大多数钢铁企业与用户的合作还谈不上同步，更谈不上超前。也就是说，用户的产品已经升级换代了，对钢材提出了更高要求，可是钢铁企业的材料研发却没有跟上，用户不得不进口。以用户为导向，不是简单地“访问用户”，而是要实现从材料生产商向材料服务商转变，看加强的产品质量与用户是否合拍，是否符合用户的使用要求。进一步在钢铁材料加工配送的过程中，加强与用户的关系，延伸钢铁产品附加值的实现途径，可以更深入地掌握用户对钢铁产品不断提高的要求。高质量产品的应用技术开发要求钢厂加强与用户的合作，高质量要实现高附加值更需要与用户加强战略合作。

如日本的JFE公司钢铁研究所在千叶县设立了日本钢铁业界中首家用户使用技术实验室（CSL），旨在积极推进面向汽车用户的EVI活动。通过设立用户使用技术实验室，JFE希望推动汽车营销活动和新一代的汽车用钢开发。JFE公司拥有高张力钢板、表面处理钢板、不锈钢、电磁钢板、钢管、线棒材、铁粉以及树脂复合材料等多种汽车用材料的先进生产技术。新设的用户使用技术实验室展示了使用先进材料和利用加工技术制成的新一代汽车零部件，以及防溃、车体腐蚀评价技术，并设有车体构造和材料构成调查作业区、各种焊接机和钢板评价设备实验区等。

我国钢铁工业“十二五”规划特别提出要与下游用户合作建立战略合作推进组，工信部已与住建部建立了高强钢筋推广应用协调组，今后还将由工信部具体实施、钢协配合，建立汽车用钢、造船用钢、家电用钢、铁路用钢、发电用钢、石油用钢等主要钢铁产品战略合作推进组，从研发、使用、新产品开发、标准制修订等各方面加强上下游的合作。

钢铁作为国民经济的基础产业，应用非常广泛。随着科学技术的飞速进步，新产品不断涌现，钢铁以其优异的性能正在越来越多的扩展其使用空间。国内钢铁企业特别是技术创新能力较强的大型钢铁企业应更多地关注钢铁下游需求动向，紧密结合下游需求发展钢铁产品，甚至通过引导性产品的研发来开拓下游市场。例如，蒂森·克虏伯汽车技术股份公司在生产底盘、车身和动力传动产品方面居世界领先地位。他们不但为客户提供量身定制解决方案，包括设计、工程和工厂规划，单个配件和模块单元以及复杂的系统，还生产制造装备并可在客户的生产点实地设计和建立制造装备，协调物流等。蒂森·克虏伯通过为客户定制不同的解决方案，引导客户不断使用公司的产品。以汽车B立柱为例，如图2－4所示，蒂森·克虏伯为客户设计的B立柱解决方法达7种之多，并将每种方法制造产品的质量、成本、二氧化碳排放等关键指标做出定量确认，用户通过和标准方案的对比，可以发现目标解决方案。通过全面的可行性研究和对工艺过程中的注解，能够更快地进行系列整合。

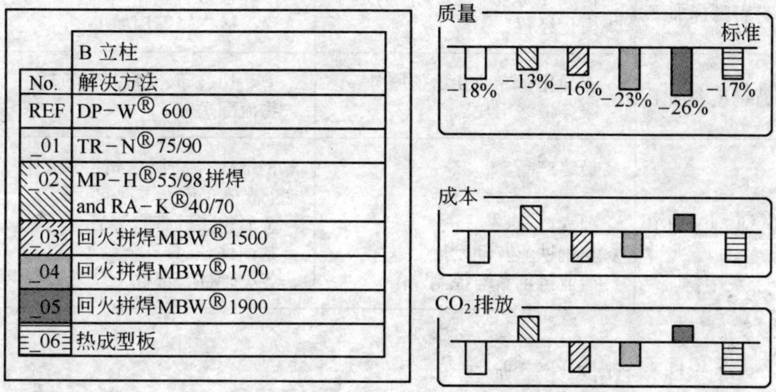

图 2-4　蒂森·克虏伯汽车 B 立柱不同方案对比

未来几十年，钢铁新材料的研发将从以下三方面展开：（1）继续以不断满足下游用户产品升级和国家重点工程、重大创新项目的需求为目标，主要领域包括高铁、城轨、海洋工程和海上石油开采、大型和特殊性能船舶和舰艇、节能环保汽车等。（2）先进钢铁企业积极探索和挖掘下游客户的潜在需求，进行引导性产品的研发。（3）国家战略性新产业的发展也为钢铁新材料的研发提供了新的研究方向。

二、钢材深加工

（一）钢材深加工在我国的发展

钢材深加工是相对于钢铁产品而言的动态概念，以产业链的延伸深度，可依次划分为材料型、营销型和产业型三种类型（见表 2-1）。鉴于目前我国经济所处的特有历史阶段，以及钢铁企业发展的不平衡等因素，不同类别的深加工呈现出不同的发展态势及特点。

表2－1 钢材深加工分类及范围

类别	特征	范围
材料型深加工	仍属于原材料性质，仍适于规模化经营	冷轧板带、型、棒 涂、镀、焊等深加工
营销型深加工	差异化、专业化增值服务 服务最终用户	剪、切、印、拼焊加工 物流配送
产业型深加工	最终产品 独立产业 与钢铁业互动发展 产业链创新与控制	钢结构（高层建筑、装配住宅、立体车库） 金属包装（捆、罐） 紧固件/家具五金 各类轴件、部件

1. 材料型钢材深加工

材料型深加工是最具传统意义的深加工，一般包括钢材热轧后的传统冷加工，尤其是涂、镀、焊接等随市场需求及技术进步而不断发展起来的相对新兴业务。这类深加工未改变原材料性质，且大多可以在线加工或适于规模化发展。是提高钢铁产品质量、丰富产品规格、增加产品附加值的重要手段，且已被视为高附加值钢铁产品，是钢铁企业追求产品差异化竞争优势的“重心”所在。

由于历史与现实等复杂原因，与发达国家相比，我国钢材深加工比重还偏低，钢材本身的附加值没有得到充分提升，与下游行业的发展结合还不够紧密，使用钢材的综合成材率和劳动生产率还比较低。世界发达国家钢材的综合深加工比已达50%以上，其中线材达60%，棒材40%，管材30%，板材70%左右。而我国一般钢材的深加工仅为10%～15%。

差距意味着“潜力”，也预示着“方向”。钢铁业投资项目中投放在钢材后道深加工的比例超过投在炼铁和炼钢项目上的比例，这种投资结构有利于钢铁产业的结构升级，有利于产品结构的优化。大力发展材料型深加工已经成为我国钢铁企业发展的重要方向和基本战略。

2. 营销型钢材深加工

对钢铁企业而言，营销型深加工就是服务用户的一系列业务，是连接钢铁与最终用户的增值链。其过程是按照最终用户的要求，将钢铁产品经过矫正、清理、剪切、冲压、彩印等工序，并通过其仓储、运输等物流系统，供最终用户直接使用。由于其具有社会化、现代化服务所产生的效率高、成本低的优势，不仅对供需双方、而且对社会都能产生巨大的效益。如蒂森·克虏伯集团与沃尔沃汽车签订合作协议，在位于瑞士南部的沃尔沃汽车制造厂内建立一个剪切配送中心，主要为该汽车制造厂提供拼焊板以及定尺剪切配送服务，而后拼焊板将在该厂的锻压车间进行下一步处理。蒂森·克虏伯集团这一剪切配送中心每年为该厂提供大约 8 万吨汽车板和拼焊板。该剪切配送中心耗资 2100 万欧元，包括 2 个全自动的激光拼焊接线和剪切设备。

在过去的 10 余年里，我国的钢材加工配送，外商独资或合资建设的居多，特别是韩国和日本，已基本完成在我国珠江三角洲、长江三角洲和环渤海湾地区的布局设厂，这些钢材加工配送中心主要是为家电、汽车、计算机、造船等行业服务，这些外商的钢材加工配送中心通过其高效低成本服务，已占据我国相当一部分高附加值钢材加工市场，并出口到世界各地。

我国钢铁企业发展营销型深加工，也是在市场个性化需求日益强烈、且市场上又缺乏合格的加工中心的背景下，为贴身服务用户、整合营销渠道、发展高效物流而逐步发展起来的，其典型标志是大中型钢铁企业纷纷建立自己的剪切配送物流中心，并纳入钢铁主业营销规划统一管理。但由于目前各钢铁企业大都从自身出发、各自为政，不仅难以形成规模效应，而且极易造成恶性竞争。

3. 产业型钢材深加工

产业型深加工主要是指以钢材为主要原料加工而成的最终制成品或中间制成品业务。目前，我国钢铁企业涉足产业型深加工最多的领域是：建筑钢结构、金属包装、紧固件、五金家具、汽车零部件、钢帘线、桥梁缆索等。但综观这些领域，大多是规模小，技术档次低，营销能力差，赢利起伏巨大，形成行业影响力和市场控制力的少之又少，如钢结构，国内宝钢、武钢、首钢、鞍钢、马钢、莱钢等都有涉足，但大多是小规模经营，依附式发展，缺少面向市场的投资计划，缺乏形成独立生存的投资强度，不仅不能给主业以有力的技术及市场的支撑，甚至不能取得稳定的经营收益，属于典型的机会性投资。

（二）国外钢铁企业拓展深加工的经验

目前世界上很多钢铁企业都或多或少地参与了下游深加工的整合，只不过其方式与途径不同罢了。

从规模上看，介入钢材深加工业最深的是蒂森·克虏伯，其汽车零部件及电梯超过了钢铁销售额，并成为独立发展的产业。而其他钢铁企业的深加工业比较而言，仍然是钢铁主业的协同业务。从层次上看，大部分钢铁企业着重发展的深加工属于第一、第二层次，即材料型深加工及营销型深加工；产业型深加工多数以参股为主。从方式上看，大多是从自身的钢铁产品出发，有选择地多方式地介入。其中，国际钢铁企业参股多，控股少。而国内钢铁企业则多采取控股方式。

例如，新日铁只在建筑钢结构领域实施产业化发展，拥有工程事业部专门从事钢结构的设计和总包工程，而在其他领域多采取参股方式，如参股（30%）大和制罐（年产 100 亿只）。安赛乐在印铁、制罐领域拥有控股公司，而同时参股（35%）意大利 CLN 集团（剪切配送、钢制车轮制造、冲压组装）及西班牙的 Gsetamp 集团（冲压）。

由此可以看出，除蒂森这一特例外，国内及国外的最大区别是进入方式上的区别，这主要是由下游行业的成熟程度不同决定的。发达国家各产业发展相对成熟，集中度高，容易实施并购或参股。而我国产业尤其是加工产业的散、乱、差现象，制约了钢铁业进入该产业的方式。

因此，近期内我国的钢材深加工仍应以钢铁生产企业为主导，主要钢铁企业以控股或参股的方式建立完善的加工配送分销机构，以企业自身的经济实力和规模以及企业主营钢铁产品的种类等作为考虑选择入股方式，以及加工配送本企业与其他钢铁企业产品比例的衡量指标。

由于钢材加工配送较好地解决了钢铁工业的集约化、大规模生产与市场日益增长的广大客户差异化的个性需求的矛盾，已成为钢铁市场逐步发展成熟的一个普遍需求。

钢铁企业改变营销模式建立钢铁物流加工配送中心过程，实际上是钢材服务的延伸过程，也是企业争夺市场和稳定用户的过程，增加产品的附加值，能够贴近直供用户，稳定经营渠道，集中下料和合理套材，并实现及时供货模式，最大限度压缩流通时间，降低流通费用，实现钢材使用者“用多少就供多少”的零库存管理，有利于稳固钢铁企业与用户之间的供应链，形成自身完整的供应链体系，结成产业联盟，同时获取更为可观的利润。

未来钢材深加工的发展趋势有：

(1) 终端用户配套自建的加工配送逐步减少。由于投资压力、加工成本和钢材供应能力等原因，同时随着钢铁企业、钢材贸易商的发展和社会化服务水平的逐步提高，终端用户配套自建的加工配送生产线会逐步减少，取而代之的将是由钢铁企业、钢材贸易商与终端客户在加工配送服务领域进行战略合作。

(2) 钢铁企业投资力度逐步加大。为适应营销战略发展的需要，我国国有重点钢铁企业在板材加工配送中心建设方面的投资力度会逐步加大。特别是随着钢铁企业汽车板、家电板、造船板等重点产品产能的发挥，竞争将更加激烈，针对特定战略用户行业的专业钢材加工配送中心将成为钢铁企业钢材加工配送发展的重点和方向。

(3) 更加注重软实力的提高。为提高竞争能力，将更加注重树立现代物流配送经营理念、加强信息系统建设、稳固供需关系、培养高素质管理人才等软实力的提高，建设钢材加工、配送、仓储、运输、销售、信息服务体系，为用户提供规模化、专业化、及时化的 JIT（just in time）服务。

三、电子商务、钢材期货等在钢铁物流领域的发展

在目前的钢铁企业中，除个别超大型钢铁企业如宝钢，钢铁企业自营渠道占主导外，大部分企业采用中间商渠道形式。同时随着电子商务的发展，一些大中型的钢铁企业纷纷建起了自己的电子商务平台。

钢材电子交易是前些年进入网络时代产生的一种电子商务形式。这种交易方式为部分企业提供了套期保值的功能，但也由于其存在的法律依据不足、监管不到位和过度炒作等原因，它的利弊在业界存在争议。国内主要电子交易市场包括上海大宗钢铁电子交易中心、斯迪尔钢铁电子交易市场、欧浦电子交易市场和钢之源电子交易市场等。

期货市场则是现货市场发展的高级形式，是现货市场规避风险的有力工具。1993 年 3 月 5 日，由江苏省金属材料总公司卖出、苏州当地一家公司买进的线材期货合约，手工成交于苏州市胥城大厦的交易大厅内，这是全球首单钢材期货合约。由于当时国内期货市场发育不成熟，各项法规制度建设滞后，使交易量大、流通性强的期货大品种缺乏良好的运作环境，1994 年 3 月，国务院根据宏观调控的需要暂停了线材期货交易。2009 年 3 月 29 日，经证监会批准，上海期货交易所线材和螺纹钢期货正式上市。世界现有钢材期货市场情况见表 2－2。

表 2－2 世界现有钢材期货市场情况

推出时间	交易所	品种
2004 年 3 月	印度多种商品交易所（MCX）	钢板、钢条
2005 年 10 月 11 日	日本中部商品交易所（C－COM）	废钢
2007 年 10 月 29 日	阿联酋迪拜黄金和商品交易所（DGCX）	钢筋
2008 年 2 月 25 日	伦敦金属交易所（LME）	钢坯
2009 年 3 月 27 日	上海期货交易所	线材、螺纹钢

结合世界先进钢铁企业钢材流通加工模式以及电子商务、钢材期货等在钢铁物流领域的发展可以看出，建立与下游用户的战略联盟以改进供应链效率，开发产销资讯系统，以信息化提升企业管理能力，发展电子商务、发展钢材配送加工和物流体系等是钢铁企业近年来以及未来几十年的重要的市场营销活动。随着全球化和信息化的进一步发展，钢铁企业将进一步利用网络技术来改进营销管理模式，不仅仅满足于通过网络平台发布信息和提供基础的客户支持服务，将会充分的改造流程和调整机构，创建新的业务流程和新的商业模式以提高企业经营水平。

第三节　能源转换

钢铁生产流程是资源、能源密集型生产流程，钢铁生产过程是复杂的铁—煤化工生产系统。在钢铁联合企业内，每 1t 钢将消耗 0.6 ~ 0.8t（标煤）、1.50 ~ 1.55t 铁矿石、80 ~ 150kg 废钢、3 ~ 8t 新水，由此形成了大量的物质、能量的输入与输出，中国钢铁工业是能源消耗的大户，钢铁工业的能耗约占全国总能耗的 10% ~13%。我国重点大中型钢铁企业的能耗比国际先进水平高 10% 左右。

在钢铁生产过程中，铁矿石、废钢等含铁等原料形成了钢铁生产的物质流，煤、焦炭、原油等含碳能源主要是依附于物质流在整个流程中进行加工、能源转换、使用、排放。能源转换 - 制造过程伴随着“能量交换”，推动冶金企业资源运动的是能量，而能量是可以通过不同载体来体现的，冶金企业资源运动的过程始终贯穿着能源及其转换。能源与物质流的关系既独立又相互联系，同时又受到彼此的制约。

一、能源转换过程及能源转换效率提高

钢铁企业生产流程是由多个工序组成的系统，每个工序均有大量的、表现形式不同的能源输入和输出，因此钢铁企业流程化

生产中能源子系统也具有多种类型，有煤气系统、电力系统、蒸汽系统等。要实现这些不同系统之间的优化，进而提高能源利用效率，是一项相当复杂的工作。

（一）钢铁工业的主要生产流程及能源构成

下面主要分析中国钢铁工业主要的集中生产流程，现在中国钢铁工业主要包括高炉炼铁－转炉炼钢的流程、短流程电炉炼钢、直接还原铁—电炉炼钢三种，如图2－5所示。

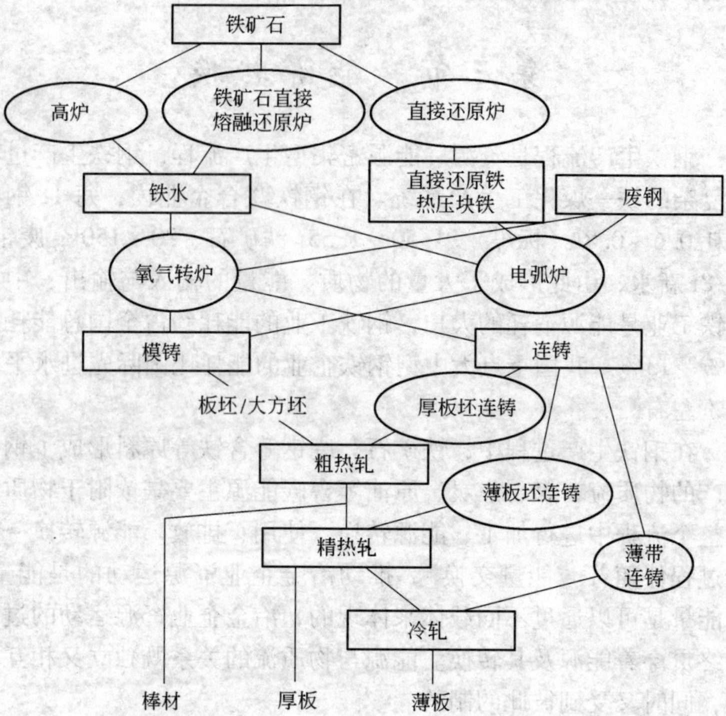

图2－5 中国钢铁工业主要生产流程

（1）以铁矿石、煤炭等天然资源为源头的高炉—转炉—热轧—深加工流程和熔融还原—转炉—热轧—深加工流程。这是包含了原料和能源储运/处理、烧结—焦化—炼铁—炼钢—精炼—凝固过程、再加热—热轧过程及冷轧—表面处理过程的生产流程。

目前我国钢铁生产中主要以长流程炼钢为主，2010 年我国的长流程转炉炼钢的产量占中国粗钢产量的比例为 89.61%，短流程电炉炼钢的比例占 10.38%。

（2）以废钢这一再生资源和电力为源头的电炉—精炼—连铸—热轧流程。这是以社会循环废钢、循环经济的有效途径加工制造废钢、钢厂自产废钢和电力为源头的制造流程，即所谓电炉流程。不同用钢产品的使用寿命见表 2-3。

表 2-3　不同用钢产品的使用寿命　　（年）

各种废钢	使用年限	各种废钢	使用年限
建筑物	20～60	耐用消费品	7～15
工厂和电厂	40	汽　车	5～15
大型机械装备	30	钢　罐	小于 1
铁　轨	25	制造业加工	—

资料来源：工业和信息化部。

虽然中国粗钢产量近年来连续快速增长，但是由于发展较晚，钢铁累积量较小，废钢量相对较少，在未来一段时间内，中国钢铁工业仍然会保持长流程为主，电炉炼钢为辅的流程结构。但纵观未来 40 年到 21 世纪中叶，大量累积消费的钢材进入回收期，我国废钢的使用将大幅增长，即时长流程在钢铁产量中的份额会进一步降低。

（3）直接还原铁技术从产品形态分包括直接还原铁和熔融还原两类，直接还原铁以 HYL、Midrex 工艺为主要工艺，熔融还原以 COREX、FINEX 工艺为主要方式。

表 2-4 列出了近年来世界各地的直接还原铁产量，可以看出，直接还原铁产量很小，且增长缓慢。由于直接还原铁技术不够成熟，主要经济指标还不理想，还不具备与长流程竞争的能

力，因此，直接还原铁短时间之内不会迅速增加且增长空间有限。

表 2-4　世界主要直接还原铁生产国直接还原铁产量 （kt）

年份	世界	委内瑞拉	墨西哥	伊朗	印度	美国	德国	中国
2002	43180	6844	4741	5280	5731	470	540	220
2003	45858	6646	5473	5038	7051	210	590	310
2004	53437	7825	6345	6437	9121	180	593	430
2005	56680	8897	6065	6873	12052	220	440	314
2006	59475	8420	6167	6929	15032	240	580	212
2007	64877	7900	6265	7491	18056	240	590	600
2008	65800	6826	6012	7399	20150	250	500	550
2009	53562	5508	4203	8203	21035			
2010	57479	4667	5330	934.8	20633			

资料来源：中国钢铁统计。

钢铁流程主要包括焦化、烧结、炼铁、炼钢、轧钢等主要工序。由于各工序不同的工艺特点和要求，钢铁企业涉及的能源介质种类较多，系统也较为复杂。钢铁企业的能源系统主要包括煤气系统、电力系统、空气分离系统、蒸汽系统以及热能系统。钢铁企业的能源系统是一个复杂的交织在一起的能源网络，各能源之间既相对独立，又相互联系。从能源的转换和利用的层次上看，钢铁企业能源可以分为：

（1）一次能源：即自然界存在的未经过加工和转换的能源，主要有煤炭、石油、电力、天然气等。2009 年，钢铁行业能源消费总量在折合标煤在 3 亿吨以上，占全国能源总消费的 10% 以上，二氧化碳排放量约占全国排放量的 14%。

（2）二次能源（或可再生资源）：即由其他载能体转换而来的能源，钢铁企业的二次能源主要是在生产过程中可回收利用的副产能源，主要包括：可燃性余能，即可以作为燃料利用的可燃物；载热性余能，即余热；其他余能，如余压、蒸汽、压缩空气等。

钢铁企业二次能源，按钢铁生产主体工艺大致有以下几类：

1）铁前工序：干法熄焦（CDQ）热、导热油换热、上升管余热、焦炉煤气；烧结矿和球团余热、烟气余热；高炉顶压、热风炉烟气余热、高炉煤气、炉渣余热。

2）炼钢系统：烟道余热、转炉煤气、冷却余热、炉渣余热。

3）轧钢系统：主要有加热炉余热。

4）空气分离系统：主要是能源转换介质，如氧气、氮气、氩气等。从一定程度上说，介质不是能源，但在能源转换过程中发挥着重要作用。

（二）中国钢铁工业能源转换现状

在钢铁生产过程中，物质流是钢铁生产的主题，能量流推动物质流的流动和转变，在产品规格和产量一定的情况下，它们决定能源转换效率。

能源转换效率指一定时期内能源经过加工、转换后，产出的各种能源产品的数量与同期内投入加工转换的各种能源数量的比率。它是观察能源加工转换装置和生产工艺先进与落后、管理水平高低等的重要指标。能源效率指标的高低与企业工艺流程、操作水平、能源品位都有较大的关系。计算公式为：

$$\text{能源加工转换效率} = \frac{\text{能源加工、转换产出量}}{\text{能源加工、转换投入量}} \times 100\% \tag{2-1}$$

能源之间转换关系用数学表达式可表示为：

$$E_a \propto r_{b-a} E_b \tag{2-2}$$

式中　E_a——能源产品 a 的数量；

r_{b-a}——能源 b 转换成能源 a 的转换效率；

E_b——能源 b 的数量。

从式 2－2 可知，能源 b 转换成能源 a 的转换效率越高，则能源利用的水平越高。因此，在能源利用过程中，首先应按转换效率的高低进行转换。

近年来，随着钢铁工业的持续发展，技术水平逐渐提高，能源转换效率逐步提高，主要表现为吨钢能源消耗逐步降低，如图2－6和图2－7所示描述了“十一五”期间中国大中型钢铁企业能耗消耗总体状况以及分工序的能源消耗状况。

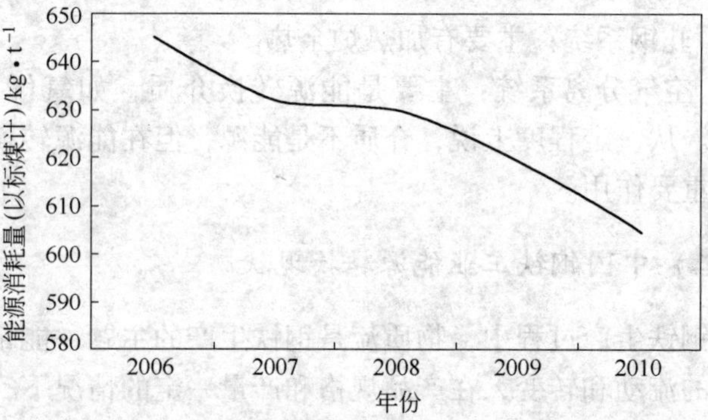

图2－6 “十一五”中国大中型钢铁企业能源消耗图

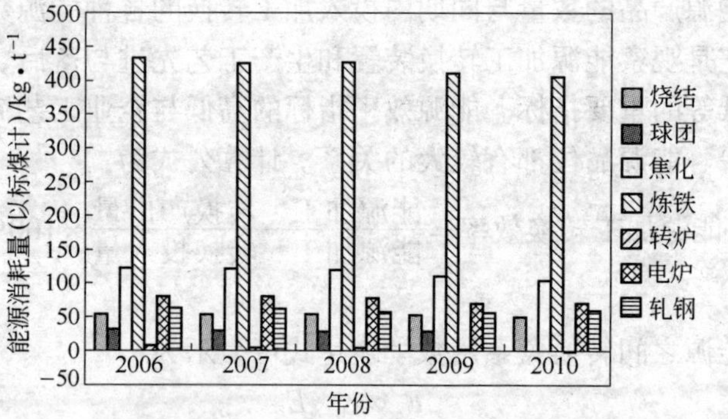

图2－7 “十一五”中国大中型钢铁企业分工序能源消耗图

近年来，中国钢铁工业的能源转换效率逐步提高，吨钢能源消耗量逐步下降，“十一五”期间由2005年的694kg（标准煤）

降至2010年的605kg（标准煤）。图2-7分流程分析了各个工序的能源消耗情况，也可以发现“十一五”期间各个工序的能源消耗量都有了明显的下降。

虽然中国的能源转换效率有了明显的提高，但中国钢铁工业的能耗水平同国际先进水平仍有10%差距。工业和信息化部发布的《钢铁工业“十二五”发展规划》将重点企业的平均吨钢综合能耗目标调整到低于580kg（标准煤）。即使重点企业的单位能耗将进一步下降，未来钢铁工业的节能降耗更多地依靠淘汰落后和技术创新来实现。

（三）能源转换效率的提高

就提高能源转换效率而言，当铁素物质流的架构和运行规则基本定型后，若各个节点的输入能量及其利用、回收与所需要的能量之间普遍存在着总量或能级的差别，则能量的利用一定存在不合理性，这也是能源转换效率提高的潜力。在追求钢厂铁素物质流和碳素能量流从“无序”耦合过渡到相对“有序”耦合的过程中，有可能为钢铁制造流程带来巨大的技术变革，促进整体技术水平的再提升。

提高能源转换效率主要从以下几方面实现：

(1) 通过大力推广应用大型化技术装备、先进的工艺技术，调整流程结构比例等方法最大限度降低一次能源消耗，同时对二次能源进行充分的回收利用，降低生产过程中的能源消耗，提高能源转换效率。

目前，世界上先进的钢铁生产企业正在从末端治理转向源头治理，即从工艺改进和技术创新上找出路，在生产过程中减少以至消除污染源，从而构建“绿色钢铁”生产工艺，走向可持续发展的道路。提高能源转换效率还有一种途径就是通过工艺流程的改进，改变普通的长流程，目前钢铁工业已经研发了Corex熔融还原、Finex熔融还原、Hisarna熔融还原、先进的直接还原工艺、电解铁矿石技术和碱性水电解技术，这都是钢铁工业未来的发展的可能趋势。目前 Corex 熔融还原已经工业化，在 2008 年的时候宝钢已引进 Corex 熔融还原，但是经济效益欠佳，随着对技术的进一步改进与优化，技术经济指标逐步转好。2011 年 9 月 20 日，江苏沙钢集团有限公司与韩国浦项制铁株式会社签署了 FINEX 综合钢厂项目合作意向书。新技术的研发、推广、示范、应用也成为降低能源消耗的一个方向。

（2）提高能源转换效率还可以以物质流动态运行优化为基础，并通过相关信息流对动态系统总体优化实现智能调控。即在钢铁生产过程中铁素物质流与碳素能量流在时间和空间上的耦合匹配和与之相关联的信息流的协同效应。在发改委公布的钢铁企业节能技术推广目录中，能源管理中心也被列入广泛推广的范围，其中已经有许多大钢铁企业建立了能源管理中心。在能源管理中心的基础上进一步对能源系统进行优化，达到物质流、能源流、信息流的协同效果将是企业的目标。

（3）从管理方面来看，应制定长远节能规划和近期节能计划及目标，并把节能规划和目标，与提高产品质量、降低生产成本、保护环境结合起来，特别是要达到整体优化的效果。系统优化节能不仅是能源管理部门的工作，更与产品和流程的创新有密切关系。在流程创新过程中应重视能源的利用、回收、转化和再生。建立能源管理中心，对生产过程的能源合理利用和优化配置以及在线控制具有重要作用。在再能源化过程中，能源计量也是不可缺少的环节。

针对钢铁制造流程中能源转换机制和能量流转换的系统构建的研究和优化也是一个新的重要引擎，催生钢铁制造流程新一轮的节能技术创新和与之相匹配的产品制造体系，引发新技术背景下节能降耗的技术创新，帮助构建钢铁产业与可持续发展社会新的依存关系。

二、能源结构调整

能源是钢铁生产的大动脉，我国钢铁工业的用能主要以煤炭为主，目前的用能结构大致是：煤炭为70%，外购电力为26.4%，天然气为0.5%，油类为3.2%。与国外先进水平相比较而言，我国钢铁企业用能结构还有一些不合理的地方，如在日本钢铁工业能源消费结构中，煤炭占56.4%，电力占23.7%，石油占19.9%。但是我国钢铁企业用能结构是与我国能源禀赋相适应的。我国钢铁工业的用能结构将更倾向于符合我国国情的新能源和钢铁工业新生产技术变革所带来的能源节约转变。

钢铁工业消耗各种能源折标煤系数见表2-5，一般来说，折标煤系数越低，能源的平均发热量越低，单位能源对环境造成的负担越大。我国能源以煤炭为主，能源煤炭系数普遍较低，因此，能源结构对于能源转换过程也是至关重要的一个方面。

表2-5 钢铁工业消耗各种能源折标煤系数

能源名称	单位发热量/kcal·kg^{-1}	折标煤系数/kg·kg^{-1}
原煤	5000	0.7143
洗精煤	6300	0.9000
洗中煤	2000	0.2857
煤泥	2000~3000	0.2857~0.4286
焦炭	6800	0.9714
原油	10000	1.4286
燃料油	10000	1.4286
汽油	10300	1.4714
煤油	10300	1.4714
柴油	10200	1.4571
液化石油气	12000	1.7143
炼厂干气	11000	1.5714
天然气	7700~9310kcal/m^3	1.1~1.3300
焦炉煤气	4000~4300kcal/m^3	0.5714~0.6143
发生炉煤气	1250kcal/m^3	0.1786

续表 2-5

能源名称	单位发热量/kcal · kg^{-1}	折标煤系数/kg · kg^{-1}
重油催化裂解煤气	4600kcal/m^3	0.6571
重油热裂解煤气	8500kcal/m^3	1.2143
焦炭制气	3900kcal/m^3	0.5571
压力气化煤气	3600kcal/m^3	0.5143
水煤气	2500kcal/m^3	0.3571
煤焦油	8000	1.1429
粗苯	10000	1.4286
热力（当量）		0.03412kg/MJ
电力（当量）	860kcal/kW · h	0.1229kg/kW · h

注：1cal = 4.18GJ。

资料来源：GB/T 2589—2008《综合能耗计算通则》。

新能源是指在新技术基础上，系统地开发利用的可再生能源。如核能、太阳能、风能、生物质能、地热能、海洋能、氢能等。联合国开发计划署把新能源分为以下三大类：大中型水电；新可再生能源，包括小水电、太阳能、风能、现代生物质能、地热能、海洋能（潮汐能）；传统生物质能。

能源是推动经济社会发展的强大动力。新能源清洁环保，可永续利用，代表着能源未来发展的方向，是解决能源资源短缺、加强环境保护、应对全球气候变化问题的重要途径。目前，世界各国都在大力发展新能源产业。我国对新能源产业发展高度重视，制定了一系列支持新能源产业发展的政策。2010 年 10 月 18 日发布的《国务院关于加快培育和发展战略性新兴产业的决定》规划到 2020 年，新能源将成为中国国民经济的先导产业。发改委随后在对有关决定解读时指出，绿色新能源技术发展和产业化是解决能源危机、优化能源结构的根本出路。温家宝强调，为保障能源安全，2020 年非石化能源消费比重提高到 15%。

另外，根据国际先进经验，钢铁工业能源消费应该更多地依赖电力，而不是直接的煤炭消耗。在新能源发电方面，国家十分重视。“十二五”期间通过大力发展核电、水电、风电，到“十二五”末期，水电和核电的发展规模可分别达到 250MkW、39MkW，占一次能源消费的比重由现在的7%左右达到接近9%；风电、太阳能和生物质能利用规模也将达到1.1亿吨标准煤，占一次能源消费总量比重由现在的0.8%达到接近2.6%左右。

除此之外，未来钢铁行业的发展将越来越多地依赖新型能源和可再生能源。日本原子能署提出了通过高温反应堆冷却气氦转化为氢原子的制铁设想，韩国浦项研究院研究了纯氧、氢气、一氧化碳等在直接还原氧化铁球团对反应速度的影响。我国钢铁行业也应在氢冶金等前瞻性领域开展和加大研究力度。在未来 40年，非石化能源很可能成为能源供应主体，那时，这些能源很可能替代现有的煤炭、石油等传统能源，我国钢铁行业的用能结构将彻底改变。

钢铁企业要广泛开发、应用新能源，以降低资源、环境约束对钢铁工业所带来的冲击。

第四节　废弃物消纳、处理

过度依靠资源消耗来获得经济增长的方式将受到较大限制。我国作为全球经济的主要组成部分，从 1992 年的《联合国气候变化框架公约》到 1997 年的《京都议定书》，2009 年我国政府在哥本哈根会议上承诺到 2020 年单位 GDP 二氧化碳排放比 2005 年下降 40% ~45%。我国人大通过了《中国应对气候变化国家方案》、《中华人民共和国节约能源法》、《中华人民共和国环境保护法》等一系列的政策。即使“十二五”时期不再颁布新的政策法规，在现有政策的约束下，我国面临的约束已经比较严格。以碳排放强度来看，“十二五”、“十三五”时期累计降低幅度应超过 2005 年排放强度的 20%，任务非常重；从能源消耗来看，“十二五”时期我国仍将面临巨大的能源需求，降低能源消耗强度是重中之重。钢铁行业面临资源消耗与环境保护的双重压力，只有通过产业升级和结构优化才可能实现可持续的发展。

从再长远来看，未来40年，我国将进入发达国家的行列，随着人民生活质量的不断提高，对环境的要求也越来越"苛刻"，国际上欧美等发达国家也必将通过政治与舆论的压力不断向我国施压，环境问题很可能成为我国钢铁工业可持续发展的最关键的因素之一。

消纳社会废弃物和制造过程伴随着"资源交换"（互补），伴随着冶金企业内部主体物质的运动会产生大量复杂的排放物，这就构成了环境问题。

当前解决污染问题的最主要方法是循环经济，但是简单的闭环系统都是很难稳定下来的，这就需要不断建设更大规模、更大范围的循环经济产业链，也就是说，可以将消纳社会废弃物作为冶金企业的一个功能引入系统。提高冶金企业的环境管理水平并降低环保成本，就需要将企业的排放物进行资源化、商品化、产业化，在保证冶金企业社会责任兑现的前提下，尽最大可能提升其经济价值，使之拥有更强大的生命力。

以下从钢铁工业内部"三废"的处理与回收和钢铁工业对城市废弃物的消纳两部分展开分析。

一、内部"三废"的处理与回收

作为重要原材料基础工业，钢铁工业的特点是资源密集，能源消耗大，对环境的影响越来越引起社会的关注。钢铁工业在生产过程中消耗了大量的原料、燃料，同时又排泄了为数相当可观的废水、废气、废渣，其中排放废气、废水占工业排放量的13%~14%，为仅次于化工的第二污染大户。这些"三废"大多为污染物，对环境的发展有着很大的影响，但是从另一视角来看，"三废"中还有一大部分可以变废为宝，主要包括对环境污染的治理和回收利用两方面。

(一)“三废”的处理

一般来说，在“三废”中，对社会和环境直接有害的主要是废水和废气，对环境污染的治理也主要集中于废水和废气的处理。

1. 废气的处理

冶金过程的废气的主要污染物有：含二氧化硫烟气、含氟烟气、含尘煤气、含氮氧化物烟气等。冶金的废气的排放量大，污染面广；温度高，成分复杂，粉尘颗粒细，吸附力强；废气中具有高的回收价值。这些特点使得我们在处理废气时要特别注意废气的处理方法。

冶金废气流量大，而且多为含尘烟气，因此在净化冶金废气时，应首先进行除尘作业。冶金废气中还有大量的有毒污染物若这些污染物直接排放就会污染大气，同时烟气中有很多的有价金属进入烟尘中，现代的冶金技术已将收尘纳入生产过程中。处理完废气中的粉尘只是简单的处理烟气中的颗粒物，其中的有毒物质以及一些有价元素的回收并不能解决，要根据其物化性质的不同，采用冷凝、吸附、催化转化等方法进行净化处理。

冶金废气净化处理的有些产品同时也具有很高利用价值。选矿厂净化出的泥浆脱水后可以成为烧结矿和球团矿的原料，提高了高炉炼钢的金属收得率。高炉煤气的经过分离出来的一氧化碳、氢气、甲烷等简单的有机物能作为燃料，分离出来的甲烷、氮化物同时能够作为化工原料生产甲酸钠和合成氨。高温的蒸汽能够被其他蒸汽用户（RH 真空炉或自备电厂）使用。火法冶金蒸汽中含有大量的二氧化硫，二氧化硫回收后能够制酸。这是工业制酸的一个重要的来源。

2. 废水的处理

冶金工业废水可以分为以下类型：悬浮物（包括含油）工业废水，主要是湿法除尘水、煤气洗涤水、铸轧钢废水等；含无机溶物工业废水，以含有重金属离子、酸、碱为主的废水；含有机物工业废水，包括炼焦废水、化工废水等；冷却废水。

对废水的处理主要是通过物理、化学、生化的方法去除水中的有毒、有害的因素，以实现大部分废水综合循环利用，少部分外排废水达到无害于社会的标准。

（二）“三废”的回收利用

就当前的科学技术水平看，至少有四大类“三废”可供进一步利用。这就是工业余热、工业废水、含铁尘泥和钢铁渣。

（1）余热在科学上通称二次能源。就钢铁工业来说，余热总量约占能源总消耗的63.9%，即2/3的能量变成了以下4种余热。1）高温烟气余热，这种余热数量大、分布广。各种冶金炉窑都排出一定量的高温烟气。这种烟气带走的余热相当于炉窑本身燃料消耗的30%～40%；2）高温产品和炉渣余热，其中，冶金炉渣余热占冶炼燃料消耗的2%～6%，高温焦炭余热占炼焦燃料的10%～25%，有渣法铁合金每吨产品带走的热量相当于160kg标准煤；3）冷却介质余热，冶金企业炉窑的冷却介质（水、空气等）余热约占本身燃料消耗的10%～25%；4）可燃气余热，冶金企业可燃气余热约占冶金生产余热总热量的8%。

（2）工业废水的利用，主要是工艺设备的冷却水。一些钢铁企业利用焦化厂初冷循环水余热，进行较大范围的集中供热，取得了良好的效果。焦炉产生的荒煤气经列管式初冷器被水冷却，冷却水升温至50～55℃，用作热网循环水。

（3）钢铁企业在烧结、炼铁、炼钢、轧钢等生产过程中，排出一定量的含铁粉尘和湿法除尘下来的含铁污泥，包括烧结尘泥、高炉瓦斯灰、瓦斯泥、转炉尘泥、平炉尘泥、轧钢铁皮，均热炉渣、火焰清理及切割渣等。这些统称为含铁尘泥，也是“三废”中可利用的重要资源。对这些含铁尘泥充分回收，并在厂内循环利用，回收炼钢钢渣中的渣铁，炼钢、轧钢产生的废钢全部回收作为炼钢入炉料。通过充分回收及利用钢铁厂生产过程中的铁素资源，使铁素资源得到100%利用。

除了含铁尘泥，还有一些非含铁固体物产生的处理及综合利用。除含铁资源循环利用外，所有固体废弃物，如高炉水渣、转炉渣等，均可以综合利用，既节约成本，又保护环境。例如：1）脱苯系统再生器产生的残渣混入焦油中回收，焦油渣、生化处理污泥均可以掺入炼焦煤中再利用；2）锌渣可以送至冶炼厂重熔使用；3）冷轧产生的废盐酸可以设置废酸再生站进行再生处理利用；4）自备电站锅炉粉煤灰渣可以用于生产建筑材料。

在废水循环利用和排放、大气污染物排放等方面，钢铁工业面临着很多严格的规定。随着经济发展，对环境保护越来越重视，钢铁行业的技术进步，标准会有逐步严格的趋势，钢铁工业对废弃物消纳—处理的功能会凸显得更加重要。

近年来，在我国对“三废”处理的力度进一步加强，从而减少了“三废”对环境的负面影响，同时我国钢铁工业的“三废”资源化也有了很大的进展，特别是国家对工业“三废”综合利用实行奖励政策进一步推动了“三废”资源化工作的开展。

二、城市废弃物的消纳

随着我国经济的发展和城市化进程的加快，我国由城市废弃物产生的环境污染问题越来越严重。我国经济在改革开放以来取得了举世瞩目的发展，但这种发展是以大量生产、大量消费、大量废弃为特点的，在这种粗放式发展的经济模式中，伴随着经济增长和财富积累的同时，必然是城市废弃物的大量增加和由此产生的生态环境的恶化。我国城市废弃物历年量堆存量已高达70亿吨，占地约5亿平方米，约有2/3的城市陷入城市废弃物的包围之中。城市生活废弃物人均年产达到440kg，并以8% ~10%的速度增长，随着城市化进程加快，那么城市废弃物的增长也将随之达到一个高峰。目前，我国城市废弃物给环境带来现实和潜在的污染危害日趋严重，严重威胁我国社会经济的可持续发展。

钢铁企业在社会层面上可形成以下代谢循环关系：（1）向社会提供余热和煤气等能源；（2）消纳社会产生的废弃物，如废钢、废塑料、垃圾、废轮胎、各种合金返回料等；（3）利用钢铁厂的水处理系统处理社区的废水和污水；（4）给建材厂提供生产路基材料和水泥的原材料等。经过一些技术的开发可以达到物质和能源的减量化，使得钢铁厂由污染大户发展成为环境友好的循环经济社会的一员。钢铁企业在社会中的生态循环如图2－8所示。

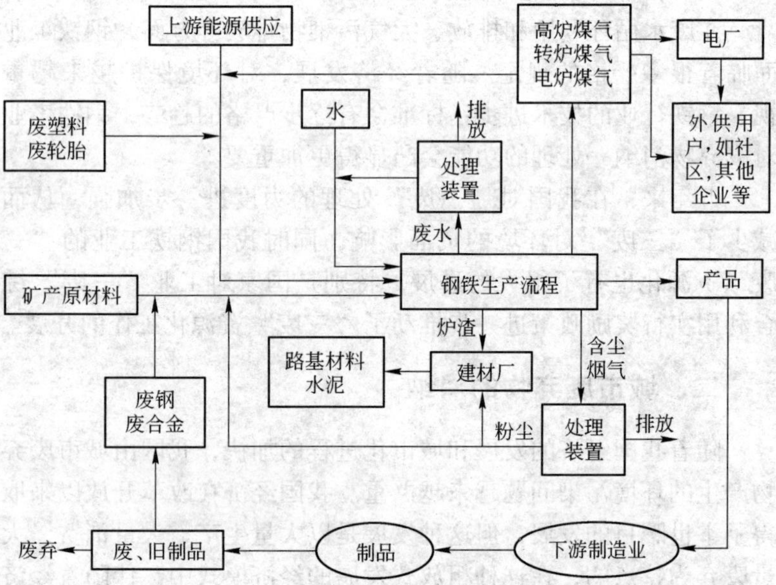

图2－8　钢铁企业在社会中的生态循环示意图

钢铁企业对城市废弃物的吸纳主要有以下方式。

（一）处理各种不同来源的废钢

废钢是可以无限循环使用的再生资源，在钢铁行业与其他行业的链接中有着不可替代的作用，一方面，从资源链条来看，废钢除作为自产废钢在企业内部循环利用外，各行业使用的钢铁材料报废后会通过回收利用重新作为原料用于生产钢铁产品；另一方面，从能源链条来看，废钢的回收利用，减少了由铁矿石到粗钢的生产过程，直接减少了煤炭等一次能源的消耗，减少废水、废气、废渣的排放。近年中国钢铁工业废钢单耗如图 2－9 所示。

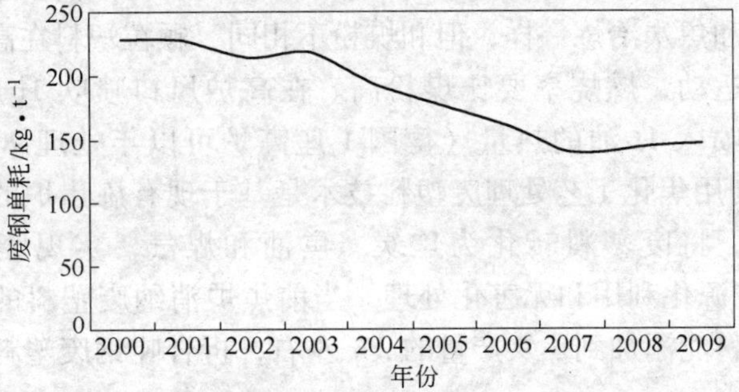

图 2－9 近年中国钢铁工业废钢单耗

利用废钢生产 1t 钢可节约铁精粉 1.3t，能耗降低 350kg 标准煤，减排 CO_2 1.4t。2010 年我国吨钢废钢消耗量为 138.4kg，为最近 10 年来废钢比的最低水平，也远低于全球 2009 年 376kg/t 的水平。

废钢的来源主要有废汽车、废机械、废船、废家电等大宗社会废钢和机械制造业等加工过程产生的切割废钢以及钢厂生产中产生的切头、罐底等自产废钢。废钢是重要的再生资源，对于节约天然资源、降低能源和原材料消耗、减少环境污染、降低成本和增加就业都具有重要的意义。随着前些年消耗的大量钢材逐步到回收期的时候，以废钢为主要原料的短流程炼钢所占比例将会逐步增大，而短流程炼钢的技术改进和创新将会有很大的发展空间。

（二）处理大宗废塑料

由于废固体塑料中含有碳、氢化合物，并且含硫低，是合适的高炉燃料替代物。将其喷进高炉既可废物利用，又可减少 CO_2

排放等环境问题。德国 Breman 的 2 座高炉喷吹固体塑料，喷吹量达到 35kg/t。日本京滨 1 号高炉 40 个风口中 5 个喷吹废塑料，其废旧塑料的来源主要是塑料薄膜和固体块，两者经过加工，制成小于 10mm 颗粒喷入高炉。日本高炉试验表明：颗粒塑料的燃烧机理和焦炭冶炼一样，但和煤粉不相同，颗粒塑料在高炉风口回旋区运动，燃烧率要比煤粉高。在高炉风口喷吹 1t 废塑料，相当于喷入 1t 油的热量（德国 1 座高炉可以年处理 90kt 废塑料）。利用焦化工艺处理废塑料技术是基于现有炼焦炉的高温干馏技术，将废塑料转化为焦炭、焦油和煤气，实现废塑料的 100% 资源化利用和无害化处理。当前焦炉消纳废塑料的先进技术废塑料能添加到焦炭产量的 2% 左右，折合吨钢废塑料消纳量为 8kg/t。

通过处理废塑料在消纳社会废弃物的同时还能减少自身的能源消耗，而现代社会对能源和环境的关注越来越强烈，能源的使用价格逐步提高，随着技术的逐步成熟与进一步完善，在未来一段时间仍以长流程为主的中国钢铁工业将会有广泛的应用。

（三）处理废轮胎

利用钢厂内制氧机的液氮将废轮胎进行深冷处理，粉碎、分离处理，或是加入电炉内燃烧处理；除此之外，还可利用钢厂熟悉的焚烧原理和钢铁厂的可燃气在专用焚烧炉中处理大量社会垃圾。

为解决传统城市垃圾（生活垃圾、医疗垃圾等）焚烧过程产生的二噁英等污染问题，20 世纪 70 年代以来，国外开发了垃圾热解技术。垃圾热解是将生活垃圾中的有机成分在无氧或缺氧状态下加热，使之分解为燃气、焦油和半焦的化学过程，与焚烧相比，垃圾热解有利于能源的高效利用且对环境更加友好。首钢和东北大学都结合国内情况对此工艺进行了改进和优化，已实现了低热值的热解气体在超高温条件下的燃料燃烧，最大限度地回收烟气余热，提高了垃圾热解过程的转换效率和热利用效率。同时，中国有许多即将废弃的中小型焦炉，这些焦炉的炉型结构和操作参数完备，将其稍加改造就可以处理城市垃圾，既有效地利用了冶金工业的陈旧设备，又减少了废弃物处理装置的投资费用，一举多得。

（四）处理社区废水和污水

从钢铁厂的生产流程可以看出，经过不断的技术开发和功能演变，钢铁厂已经具备从污染排放大户发展到清洁生产、绿色制造直至成为环境友好的循环经济社会的重要一员。唐钢建设了华北地区最大的城市中水与工业废水处理工程。该工程每天能够处理城市中水和工业废水各 7200m^3，相当于一个中小城市污水处理厂的处理量。这一工程的投入使用，实现了唐钢南区生产以中水作为唯一的水源，不再提取新水，并达到了废水全部处理和外排水全部达标排放。唐钢成为第一个以城市中水作为唯一生产水源的特大型钢铁企业，水资源利用水平跨入国内领先行列。

钢铁工业对城市废弃物的处理与应用使得钢铁工业融入更大范围的循环经济产业链，在资源与环境约束日益紧张的背景下，钢铁工业积极消纳城市废弃物，在一定程度上减少钢铁工业自身对资源和能源的需求量，同时能够减轻城市的环境负担。改变以往高能耗、高排放的现状，变成环境友好型企业是钢铁工业的未来发展方向。

第五节 再资源化

再资源化（回收利用）是环境无害化的重要措施。从可回收利用的程度看，钢铁具有良好的循环再生能力。钢铁及其副产品可以再生，炉渣、炉尘也可以回收，二次利用制造水泥及其他建筑材料，炉渣可以成为农业用肥料提供植物所需的微量元素。我国钢铁企业还开始重视对褐铁矿、赤铁矿、高磷铁矿等的利用。将生产氧化铝过程产生的赤泥作为原料生产炼钢脱硅剂。有的企业不仅轧钢氧化铁皮、瓦斯灰、瓦斯泥和其他含铁尘泥作为回收料再资源化加以使用。

目前我国钢铁工业余热资源回收利用率仅为80%左右，余能资源回收利用率近90%，综合回收利用率不足50%，还有很大的发展空间。

一、焦炉煤气再资源化

焦炉煤气是炼焦生产的副产品，是精煤在炼焦过程中，隔绝空气高温加热所产生的各种有机物挥发的组合产物。焦炉煤气的可燃成分主要是氢、甲烷和一氧化碳，惰性气体含量很少，因此焦炉煤气的热值高，一般为17598～18855kJ/m^3。对于钢铁企业的煤气资源而言，再资源化就是将高炉煤气、焦炉煤气和转炉煤气有效合理的回收利用，这是解决钢铁企业，乃至整个工业能源消耗的有效途径。

（一）焦炉煤气用作城市煤气

城市煤气主要指城市居民生活、公共福利事业和部分工业使用的煤气。

从焦炉煤气的组成与低发热值来看，由于一氧化碳的含量少，毒性低，热值高，故可以作为民用燃料。焦炉煤气作为城市燃气的气源，已经有近200年的历史。20世纪80年代以来，我国许多具有焦化厂的城市纷纷将焦炉煤气作为城市的气源加以利用。

（二）焦炉煤气用于发电

用焦炉煤气替代常规的燃料煤炭用于发电，不仅直接节省生产成本费用，还可以创造间接经济效益和良好的环境效益。

首先，焦炉煤气的使用，可以节约以往作为燃料的煤炭的运输费用。煤炭作为固体燃料必然要通过车辆船舶的运输才能实现，而焦炉煤气作为气体燃料可以通过管道运输，运费大大降低；其次，焦炉煤气的燃烧热值高，便于温度调节，可提高锅炉的技术操作水平，降低操作人员的劳动强度；另外，焦炉煤气容易完全燃烧，相比煤炭燃烧没有固体的废渣，废气且相对较少，大气污染程度低，可明显降低热电厂的环境污染，具有良好的社会环境效益。

（三）焦炉煤气生产化工产品

焦炉煤气含有较多的碳氢化合物，因此除作为燃料使用外，焦炉煤气还有广泛的化工用途。用焦炉煤气作为生产原料生产附加值高的化工产品，具有重要的经济意义。

焦炉煤气重整为化工原料的方法有很多，现今应用较为广泛的方法主要有部分氧化法和加压蒸汽催化转化法。通过这两种方法生成以氢气和一氧化碳为主的合成原料气。我国目前主要用于合成氨、尿素及联产甲醇等基本化工产品等。焦炉煤气生产化工产品流程如图 2－10 所示。

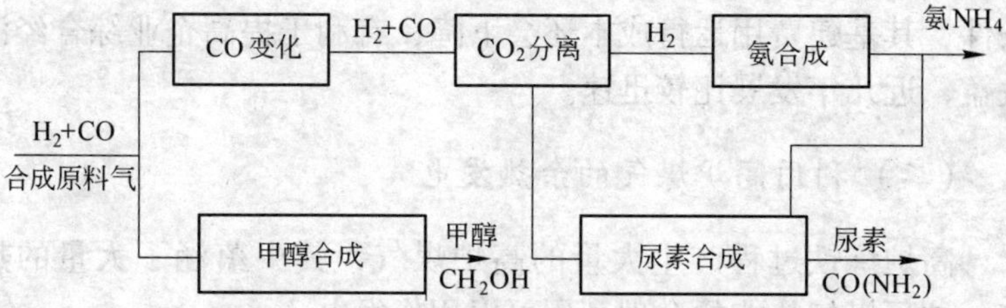

图 2－10　焦炉煤气生产化工产品流程图

钢厂副产煤气制氢也是焦炉煤气再资源化的另一种手段，工业制氢目前是以天然气、石油和煤为原料，在高温下使之与水蒸气反应或用部分氧化法制得。而钢铁企业（或炼焦厂）产生的焦炉煤气含有 50%～60% 的 H_2，是非常好的制氢原料气。目前钢厂主要还是将焦炉煤气用作燃料，焦炉煤气利用的合理途径需引起重视，应该尽可能少地将焦炉煤气作为燃料来使用。

二、高炉煤气的再资源化

高炉煤气是高炉炼铁的副产品，主要可燃成分为 CO，H_2 和 CH_4 含量很少，有大量的 N_2 及 CO_2，所以它的热值很低，一般仅为 3000～3756kJ/m^3。高炉煤气无色、无味、有毒。

为此，高炉煤气的加热设备必须注意保持严密。充分有效地利用高炉煤气，对降低吨钢能耗和节约燃料有重大意义。在冶金生产中利用高炉煤气的化学燃烧热能，其主要用户是高炉、热风炉、烧结机、焦炉、蒸汽锅炉、轧钢，还可与焦炉煤气混合适用于平炉及其他加热炉，以及利用剩余高炉煤气生产石灰石和发电，也可以利用其剩余的压力能。

（一）利用高炉煤气的余压发电

钢铁工业是耗电大户，20 世纪 90 年代末消耗电量已达 770 多亿千瓦时，而自给率只有 1/6（自发电量约 128 亿千瓦时）。利用高炉煤气发电，由于燃料成本低，系统简单，减少了运输等条件，其基建费用运行成本还会下降，有利于提高企业综合经济效益，近几年发展比较迅速。

（二）利用高炉煤气的余热发电

高炉炼铁过程产生大量的高炉煤气，其中蕴涵了大量的热能，炉顶煤气热能的合理利用可以用作发电。

高炉煤气通过压缩机进入燃烧器中燃烧后对燃气轮机做功，燃烧后的高温烟气对废热锅炉加热后，于高空排放。废热锅炉产生的中压蒸汽，对蒸汽轮机做功再次发电。另外，富余的转炉煤气、焦炉煤气也供低热值煤气热电联供发电，进行综合利用，以提高发电效率。

（三）利用高炉煤气的显热

在高炉炼铁企业内部可有效利用回收的高炉煤气显热和热风

炉废气显热。如为了提高热风炉效率，可利用废气显热预热冷空气，节省下来的高炉煤气再用于生产石灰或用于电力。为了提高煤气发电效率，可利用废气显热预热蒸汽锅炉回水。另外，还可以利用回收的显热产生蒸汽，向居民区集中供热或向农业温室大棚供热等。

三、转炉煤气的再资源化

炼钢过程中产生大量的转炉煤气，其中含有60% ~90%的CO，当CO含量在60%左右时，其热值可达8000kJ/m^3。转炉煤气回收，特别是煤气和余热回收已使一些炼钢厂能够做到负能炼钢。

转炉煤气中不含硫，用途也越来越广。转炉煤气可供给钢铁厂的自备电厂（调整用户）、低压锅炉房、石灰窑、初轧、无缝、热轧、冷轧等车间使用，它在钢铁厂的燃料平衡中起着重要的作用。如炼1t钢回收60m^3的转炉煤气，并利用炉气的物理热加热余热锅炉，产生的蒸汽能基本满足炼制吨钢所需氧气消耗的热量及转炉辅助设备所需的能量，可以实现不耗能甚至负能炼钢。

此外，转炉煤气因含有较多的CO，同时也可作为化工原料，例如与氢氧化钠反应生成甲酸钠。

在染料工业中甲酸钠是一种重要原料，而且也是生产草酸和甲酸的基本原料。转炉煤气的CO含量较高，含磷、硫等杂质很少，也是生产合成氨原料气的一种很好的原料。

四、冶金渣的综合利用

钢铁生产中的高炉渣、转炉渣、电炉渣以及铁合金渣通称钢铁渣。钢铁渣渣量与原料条件、冶炼品种、造渣制度等相关。钢铁渣不仅含有一定数量的金属，而且也是一种量大质优的材料，可以用于许多工业生产。

例如，高炉渣的成分与水泥接近，是制作水泥的良好原料。

利用高炉渣生产水泥由于可减少使用石灰石等天然资源等必需的焙烧过程，而减少能源消耗。一般来讲，使用1t的高炉渣，相当于节省生产1t普通水泥所需的资源、能源消耗，并相应减少由此引起的CO_2排放。目前高炉渣水泥中高炉渣的配比可达到40%左右，相应可节省资源、能源消耗约40%。钢铁工业废渣及用途见表2－6，

表2－6　2006年钢铁工业废渣及用途

名称	产生量/kt	利用量/kt	利用率/%	用　途
高炉渣	132160	118510	89.67	水泥；混凝土掺和料
钢渣	48720	42100	86.41	烧结、转炉返回料；筑路填料；钢渣水泥；混凝土掺和料
尘泥	37430	36830	98.40	烧结、球团返回料
氧化铁皮	6170	6150	99.68	主要作烧结返回料；部分作转炉冷却剂

从以上分析可以看出，钢铁工业的再资源化方式也分很多种，以煤气为例，可以利用其余压发电，可以利用其余热等进行再次燃烧，可以按其成分应用于其他工序中，可以利用其中化学成分生产化工产品。在未来的钢铁工业再资源化过程中，努力提高回收利用率是一方面；另一方面，就是在提高回收利用率的同时，采用高效的回收方法，即选择最适合钢铁企业自身，最有经济效益的回收方式，例如高炉炼铁时喷吹焦炉煤气做还原剂，可以充分利用其热能，同时可以减少还原剂焦炭的消耗，比单纯地把焦炉煤气回收回来用于燃烧的效果要好。转化再资源化的方式以达到对可回收资源的高效利用是未来一段时间内再资源化功能的重要发展方向。

随着钢铁工业的发展，大量消耗天然资源以及大量排放炉渣、废热和废气的传统钢铁生产方式必将逐步被取代。原材料和能源被充分循环利用，高效率、低排放甚至零排放的新型生产方

式将得到发展和推广。从循环经济的要求和技术积累的层面分析，新型钢铁生产方式应包含以废钢循环为主的原料结构和以氢能源为主体的能源结构，包含对排气、废水、废渣的回收和综合利用，从根本上保证可持续发展的需要。同时还将采用全新工艺路线，从低品位铁矿资源和废渣中开采和提炼金属，以解决贫矿和固体废弃物的经济利用问题，并补充在循环过程中消耗的铁源。

钢铁工业正在转变发展方式的同时，功能范围也在逐步拓展，各种功能都被赋予了新的含义，能源转换功能——形成工业生态链甚至转换出新能源，排放物的再资源化、再能源化以及无害化，同时发挥社会废弃物的处理功能，诸如处理废钢铁、废塑料、垃圾等，实现环境友好，钢厂将逐渐向都市周边型钢厂或生态工业钢厂的模式发展。如果扩大视野，还可以看到许多产业之间存在能量供给的逐级链接关系。即不同流程制造业的能量链接，加之物质流的链接，构筑重化工类的工业生态园也是长远的发展趋势。

国际钢铁工业已是成熟的产业，中国钢铁工业也面临着改变发展方式、产业结构调整、企业升级和盈利模式拓展的命题，应该从发展战略层面上综合分析，优化产业结构，重视企业结构的顶层研究、顶层设计，才能解决产业层面、企业层面的复杂性命题。

钢铁工业现在面临的挑战主要是：（1）自然方面资源短缺、气候变化的压力；（2）社会方面环境污染、人口增长的压力；（3）经济方面资金供给、利率高低、融资渠道等；（4）市场方面供需关系、价格因素、新产品的需求；（5）工艺技术能源使用效率、生产效率、质量的稳定性。要解决这些复杂环境下的复杂命题，必须从战略层面来思考钢厂的结构—功能—效率，这种结构—功能—效率必须考虑到全厂性的生产流程层面以及与此相关的各工序/装置层面和不同产品层面上的相关问题，然而，必须看到解决问题的关键是生产流程的结构。从时代宏观环境的需要出发，以结构—功能—效率优化为基础，做出正确的选择与适应。

应自然、社会、经济、市场和工艺技术进步的不断变化、不断进步，优化生产流程和产业链的结构—功能—效率必然导致生产流程对工序/装置的合理化选择、协同化集成；各种工序/装置的结构—功能—效率也必须能适应生产流程的结构—功能—效率优化和产品市场的合理定位。产业链延伸、企业之间的物质、能量相互有效、有序利用也是未来钢厂的发展趋势，并有可能在一些地区形成以钢厂为核心的工业生态园区。

第三章

钢铁企业竞争力要素结构的变化

“十二五”以至未来几十年中国钢铁工业处于进一步发展的阶段，同时还在产业结构升级中扮演着重要的角色。在未来的发展过程中，钢铁工业面临着复杂、快速变化的技术、经济和社会环境，我国的产业结构升级、制造业服务化转型、信息化渗透、全球化影响以及循环经济和低碳化发展等，这些都从不同的方面对钢铁工业带来巨大影响，价值创造体系和盈利模式都将发生重大变化。

钢铁企业价值创造体系的变化将带来企业竞争力要素及其结构的变化，钢铁企业之间的竞争将不单纯是以往产品质量、性能、生产效率的竞争，而是一种最新形式的综合性挑战。产业链拓展和控制能力、面向全球的资源整合能力、技术创新与制造能力、服务及快速响应能力、运用现代信息化手段提高制造和管理水平的能力以及循环经济与低碳经济发展能力等竞争力要素将决定钢铁企业在国内或全球市场竞争中的地位。本书结合前两章的研究成果，从产业链角度、钢铁工业信息化、钢铁企业制造技术与技术创新、快速响应几个方面出发，对未来钢铁企业竞争力要素进行探讨。

第一节　产业链利润分配与转移

一、上游资源发展趋势

铁矿石和煤炭为钢铁工业的重要原燃料。近年来，中国钢铁工业钢产量迅速增长，随之而来的也有一系列的原材料问题。随着粗钢产量的增长和对铁矿石的大量需求，近年来铁矿石进口量和进口价格都迅速增长，摊薄了钢铁工业整体的利润率。煤是钢铁工业消耗能源的主要部分，而作为其中重要组成部分的焦煤的进口量也已经激增，2009 年我国焦煤进口量增长 402%，达 34400kt，成为净进口国；2010 年焦煤进口量增长 37%，达到 47270kt。在国际市场的焦煤供应日趋紧张的同时，焦煤垄断趋势非常明显；且在前十年的价格已经有了大幅的增长，焦煤的供求现状和价格对于钢铁工业来说形势是非常严峻的。

本节以铁矿石为例，从铁矿石的需求、价格变化、相关盈利能力等方面进行分析，阐述钢铁工业控制产业链原材料环节的重要性，并列举相关的案例进行分析。

（一）国际铁矿石市场发展趋势

世界铁矿资源丰富。美国地质调查所最新版的《矿产品概要》公布的数据显示，世界铁矿石储量为 1600 亿吨，其中含铁量为 790 亿吨；储量基础为 3700 亿吨，含铁量 1800 亿吨，目前的探明铁矿储量可以保证未来 100 年的开采需求。其中，俄罗斯、巴西、澳大利亚、印度等国家的铁矿石储量大、品位较高，中国、乌克兰等国家虽然矿石储量丰富，但品位较低，开采成本较高。我国铁矿石探明储量约为 607 亿吨，其中绝大多数为贫矿。

澳大利亚研究机构 AME 矿业经济公司（Mineral Economics, AME）2011 年 11 月发布的《全球铁矿石需求展望》报告。报告中称，到 2026 年全球铁矿石（本文铁矿石均折合品位 62%）表观需求量将达到 30. 25 亿吨，与 2010 年 16. 62 亿吨的需求量相比，增长将近 1 倍。

AME 估计，2010 年全球铁矿石消费量同比增长 13%，达到 16. 62 亿吨。同期，全球粗钢产量同比增幅为 14%。发展中国家推进工业化进程是世界铁矿石需求量增长的主要驱动力。2011 ~ 2021 年期间，AME 预计全球铁矿石需求量年均复合增长率约为

4%，到2021年铁矿石需求量将增至25.69亿吨。2000～2009年期间，全球铁矿石需求量年均复合增长率高达8%，主要是由于中国经济持续快速增长，钢材需求大幅增加所致。

AME预计印度铁矿石需求量将从2011年的1.18亿吨提升至2016年的1.58亿吨。印度很有可能成为“下一个中国”，推动全球钢铁工业发展。预计2011～2021年，印度粗钢产量年均复合增长率为6%。然而，尽管印度钢铁工业前景乐观，但由于其国内基础设施落后，地方政府的不确定性，产品质量控制欠缺，以及环保问题日益突出，都将制约印度钢铁工业的快速发展。全球铁矿石需求展望见表3－1。

表3－1　全球铁矿石需求展望　　(Mt)

年份	2005	2006	2007	2008	2009	2010	2011	2012	2013	2014	2015
北美	85	86	85	82	49	82	88	96	99	102	105
中南美	78	75	79	76	55	67	72	76	80	84	88
欧盟15国	141	144	145	137	92	115	119	123	128	132	136
欧盟12国	29	32	33	27	18	24	25	27	28	30	31
欧洲其他	11	12	12	13	12	18	20	22	23	24	25
独联体	130	138	126	131	115	159	172	185	191	198	208
中东	21	20	23	24	26	28	29	31	32	33	34
非洲	22	23	21	19	17	22	24	25	26	27	29
亚洲	766	879	1005	997	1073	1138	1194	1246	1299	1346	1378
大洋洲	12	11	11	10	8	7	8	8	9	9	9
全球总计	1296	1420	1540	1516	1466	1662	1752	1838	1915	1984	2042
年份	2016	2017	2018	2019	2020	2021	2022	2023	2024	2025	2026
北美	106	108	110	111	112	113	113	113	114	115	116
中南美	92	96	101	107	112	117	122	127	132	138	144
欧盟15国	140	143	146	150	152	155	157	160	162	165	168
欧盟12国	32	33	35	35	36	37	38	39	40	41	42
欧洲其他	26	27	28	29	30	31	32	33	34	35	36

续表 3－1

年 份	2016	2017	2018	2019	2020	2021	2022	2023	2024	2025	2026
独联体	218	226	232	239	245	252	258	265	271	278	284
中东	35	37	38	39	40	41	42	43	45	46	47
非洲	33	35	37	38	39	40	41	42	43	44	45
亚洲	1432	1490	1557	1629	1702	1774	1854	1932	2006	2070	2132
大洋洲	9	10	10	10	10	11	11	11	11	11	11
全球总计	2124	2206	2293	2386	2478	2569	2668	2765	2858	2941	3025

伴随着经济全球一体化的进程和世界钢铁工业格局（包括铁矿石生产格局）的变化以及世界金融业的发展，铁矿石市场特别是供求关系发生了根本性变化，即由过去基本是供大于求（或供求基本平衡）转变为现在的供不应求。而且目前更是被赋予了越来越多的国际金融属性，使得铁矿石价格已大大高于其生产成本，资源配置和供应模式更增加了其不确定性。

未来 40 年，随着钢材质量的提高，下游耗钢强度会下降。而且随着未来全球钢铁产量的增长，废钢量蓄积量逐渐增加，钢铁生产将会从主要依靠生铁转向生铁与废钢并重的局面（类似于美国目前的情况）。随着近年来对世界铁矿石生产的投资不断增加，未来铁矿石的供需仍会逐步达到平衡（甚至在一定时期内出现供过于求的情况），铁矿石的价格还会恢复到比较合理的价位。

从长远角度来看，全球铁矿石资源是足以支撑世界钢铁工业发展的。

（二）中国铁矿石需求及价格变化趋势

中国钢铁产量近年来连续高速增长，钢铁工业流程又以长流程为主的高炉炼铁方式，因此近年来我国钢铁产量快速增长中国钢铁的铁矿石进口量很高，对外依存度很大。2010 年全国我国进口铁矿石 6.186 亿吨，铁矿石的对外依存度为 67.62%。

表 3－2 描述了近年中国铁矿石进口量，进口量增长速度，进口矿产铁占生铁产量比重，通过这两方面反映了中国钢铁工业对国外铁矿石的高依存度。

表 3－2　近年我国进口铁矿石量及其产铁量和比重

年份	粗钢产量/kt	生铁产量/kt	成品铁矿石需求量/kt	进口铁矿石量/kt	进口矿比例/%	国产成品铁矿石量/kt	铁矿石自给率/%
1995	95360	105290	163200	41150	25. 21	122050	74. 79
2000	128500	131010	203070	69970	34. 46	133100	65. 54
2005	353240	343750	532810	275260	51. 66	257550	48. 34
2006	419150	413640	641140	326300	50. 89	314840	49. 11
2007	489240	476600	738730	383090	51. 86	355640	48. 14
2008	512340	483230	749010	443820	50. 07	374010	49. 93
2009	567840	543750	880150	598000	70. 95	282150	29. 05
2010	626650	590220	914840	618630	67. 62	296210	32. 38

注：吨铁耗矿按 1. 6t 计。

而世界主要的铁矿石出口国是澳大利亚、巴西、印度、南非等国，以上 4 国铁矿石年出口量占全球铁矿石出口量的 85%，这些国家也是我国铁矿石的主要进口国。

目前国际上铁矿石市场由几家超级巨头所控制，淡水河谷、必和必拓、力拓等三家企业控制了国际贸易市场的 70% 以上。而相对来看钢铁市场集中度较低，2010 年，中国钢铁工业共生产粗钢 626654kt，2010 年粗钢产量前 5 家合计为 204303. 1kt，占全国总产量的比重为 32. 6%；粗钢产量前 10 家合计为 304733kt，占全国总产量的比重为 48. 63%；粗钢产量前 15 家合计 359379. 6kt，占全国总产量的比重为 57. 35%，钢铁工业的低集中度也使我国钢铁工业的话语权较弱。近年来国际铁矿石价格大幅波动，除了最主要的原因是我国钢铁行业的飞跃式发展使得铁矿石供需矛盾加大、对外依存度过高之外，我国钢铁行业的集中度和话语权问题也是影响因素之一。

2008 年全球金融危机时，铁矿石价格涨速有所放缓，但是仍然是正增长，2009 年亚洲谈判价格略微有所下降，但是 2010 年铁矿石价格又大幅增长，自 2010 年 12 月份价格比 1 月份价格增长了将近 1 倍，2010 年全年我国进口铁矿石量为 6.2 亿吨，进口铁矿石平均价格却达到了 128 美元/t，比 2009 年大增 60%，也远大于 2008 年的平均进口价格。

图 3 -1 描述了自 2008 年 1 月 ~2011 年 10 月进口矿的价格走势，图中表示，虽然中间价格略有波动，但是总体仍然是保持上涨的趋势。

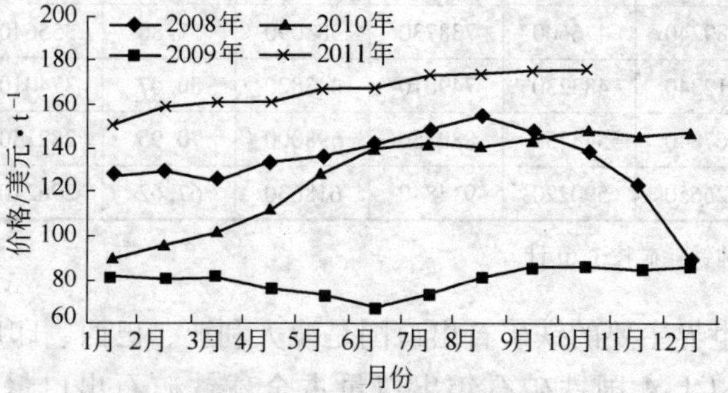

图 3 -1　2008 ~2011 年铁矿石进口均价走势

《钢铁工业“十二五”规划》指出：参考美、德、日等国钢铁工业发展规律，考虑我国地域广阔，各地区经济发展不平衡，对钢材消费总量和持续时间都将产生较大影响。综合各种因素，采用国内生产总值消费系数法和人均粗钢法，预测我国粗钢需求量可能在“十二五”期间进入峰值弧顶区，最高峰可能出现在 2015 ~2020 年期间，峰值约 7.7 ~8.2 亿吨，此后峰值弧顶区仍将持续一个时期。随着工业化、城镇化不断深入发展，以及经济发展方式转变和产业升级，城乡基础设施投资规模增速放缓，我国钢铁需求增速将呈逐年下降趋势，进入平稳发展期。

（三）铁矿石垄断集团与中国钢铁企业盈利情况对比

作为全球最大的铁矿石买家，中国钢铁在铁矿石价格的话语权上一直处于弱势，深受高价铁矿石之苦。为此，2010 年，中国的钢铁企业全年进口铁矿石成本上涨了大约 1960 亿元人民币。铁矿石价格的增长降低了整个钢铁工业的盈利水平，国内大中型钢企实现利润 897 亿元，折合美元（按照当时人民币汇率 1 美元 =6.5846 元）约 136 亿美元。而受益于大宗商品价格走强以及中国钢铁企业对铁矿石的旺盛需求，作为 3 个巨头之一的必和必拓的净利润高达 170 亿美元，即占有我国将近 90% 产量的现今钢铁企业利润都不及三大巨头之一的利润。力拓集团 2010 年净利润达 143.24 亿美元，较 2009 年的 48.72 亿美元同比增长 194%，创历史新高。2010 年该公司铁矿石业务收入达 240.24 亿美元，同比增长 90.7%；铁矿石业务净盈利 101.89 亿美元，同比增长 146.9%。淡水河谷的经营业绩见表 3-3，2010 年净利润达到 172.64 亿美元。相反，2010 年国内大多数钢企处于微利与亏损状态，重点大中型钢铁企业的销售收入利润率为 2.91%，远低于全国工业企业 6.2% 的平均水平，表 3-4 列出了 2005~2011 年我国重点钢铁企业主要盈利指标变化。

表 3-3 2010 年淡水河谷经营业绩

项 目	2010 年四季度	2010 年三季度	环比/%	2010 年	2009 年	同比/%
营业收入/亿美元	152.07	144.96	4.9	464.81	239.39	94.2
EBITDA/亿美元	88.69	88.15	0.6	261.16	91.65	185.0
净利润/亿美元	59.17	60.38	-2.0	172.64	53.49	222.8
铁矿石产量/kt	80262	82614	-28	307795	237953	294
球团矿产量/kt	12210	13638	105	48993	23856	1054

表 3-4 2005~2011 年我国重点钢铁企业主要盈利指标变化

项　　目	2005 年	2006 年	2007 年	2008 年
产品销售收入/亿元	12379.13	13590.4	20926.44	26113.18
利润总额/亿元	777.28	903.83	1526.22	893.83
销售收入利润率/%	6.28	6.65	7.29	3.42
项　　目	2009 年	2010 年	2011 年 1~10 月累计	
产品销售收入/亿元	23109.07	30869.47	30520.6	
利润总额/亿元	590.13	897.13	841.67	
销售收入利润率/%	2.55	2.91	2.76	

垄断是上下游利益分配不均的重要因素，但就铁矿石来说近年来的发展更主要的原因还是供需矛盾为主要因素。在 20 世纪末，国际钢铁行业的集中度也不高，铁矿石开采的集中度要远大于钢铁行业，但当时铁矿石企业并没有现在这么“霸道”。

上述对比表明近年来我国钢铁行业的盈利呈下降趋势，而国际铁矿石巨头的利润却大幅增长。分析原因认为：导致上下游利益分配的大幅变动主要还是供需矛盾所致。我国粗钢产量自 1996 年达到 1×10^5kt 以来，快速突破 2×10^5kt、3×10^5kt、4×10^5kt 直至 6×10^5kt 大关，而且时间越来越短；但同期国际铁矿石产能的扩张却未能及时与需求同步，这就导致供需矛盾的不断扩大，在供给不足的情况下必然导致价格走高。也正是因为近年来铁矿石价格的快速上涨，导致越来越多的企业和资本竞相追逐利润丰厚的铁矿石行业。宝钢、中钢协、工信部以及国外等多家研究机构均预测未来几年铁矿石市场的供需矛盾即将转向。即时铁矿石很有可能成为前期高成本进入企业烫手的山芋。若再往后看二三十年,我国大量钢材将逐步进入回收期,废钢的产生量将大幅增长,对高炉长流程比例将逐步下降,铁矿石可能将不再“疯狂”。

基于产业链的视角来看，未来我国钢铁企业有必要与原料供应商重建长期合作关系，使双方认识到短期利润最大化不利于双方以及客户的长远利益。短期来看钢铁需求确实缺乏弹性，但是长期来看如果钢铁原料供应方利润一味提高，持续增长的钢铁价格与其他材料相比将会丧失竞争力，行业将面临风险。

另外，作为钢铁生产主要燃料的焦煤是不可再生资源，当今高炉的大型化不得不使用越来越多的优质焦煤作为原料，焦煤的供给应当引起重视。如果焦煤不够了，那么就只有大力发展非高炉炼铁和短流程相关工艺和技术了。

（四）大型钢铁企业的后向一体化战略分析

伴随着铁矿石价格上涨，钢铁工业的利润点由制造流程向上游铁矿石资源转移，许多大型钢铁企业实行了后向一体化战略，逐步的参与到矿产资源的开采与建设。全球钢铁企业开发矿产资源和开采项目情况见表 3－5。

表 3－5 全球钢铁企业控制矿产资源和开采项目情况

钢铁公司	投资矿山	股权比例/%
新日铁	CVRD 的 Nibrasco 矿山	25.4
	力拓的 Robe River	10.50
	力拓的 Beasley River	28.20
	和力拓签订全方位的战略合作协议，共同开放澳大利亚的煤炭和铁矿资源	—
浦项	与 CVRD 合资建立 Kodrasco 矿山	50.00
	与必和必拓合资建立 Posmac	20.00
	美国帝国铁矿公司	21.00
	美国希宾公司	62.00
	巴西的 Belgo Mineira	100.00
安赛乐·米塔尔	利比里亚西部矿山	9 亿美元投资
	塞内加尔法莱梅矿区	2 亿美元投资
	乌克兰的 Mintal Steel Kryvyith 公司	—
	南非 Minittalsouth Africa 公司	—
	加拿大 QCM 公司	—
	加拿大 Wabush 公司	—

续表 3 -5

钢铁公司	投资矿山	股权比例/%
宝钢集团	宝澳公司与澳大利亚哈默斯利铁矿公司合资建立	46.00
	和 CVRD 合资建设滑宝瑞矿山公司，主要开发巴西 Agua Limp 铁矿	50.00
中信泰富	建设澳大利亚 Sino 铁矿项目	—
鞍钢集团	与金必达金属公司就卡拉拉铁矿签署可行性研究合资合作协议	36.28
沙钢集团	收购澳大利亚铁矿资源	90.00
酒钢集团	拟与国际矿产资源公司共同出资成立中外合资公司，以获得哈萨克斯坦球团矿和铁精矿	—
包钢集团	拟以 400 万澳元收购澳洲铁矿勘探 Bungalow 陶瓷铁矿的部分股权	<50
武钢集团	与澳大利亚 Admiralty Resourcse 签署为期 10 年的铁矿石供应协议	—
	澳洲中小矿山企业 Iron Mining Ltd.，该项目预计从 2011 年开始，全产 4×10^3 kt 铁矿石	50
德龙控股	Cape Lambert 铁矿项目	70
中钢集团	与澳大利亚力拓公司签署恰那合营企业延期框架协议，获得恰那矿的继续开发权	—
	中西部（Midwest）公司	98
首钢	澳洲中小矿山企业 Mount Gibson Iron Mount Gibson Iron Ltd.	

资料来源：《冶金经济内参》。

表 3 -6 所列是 2015 年铁矿石预计新增产能，从长远来看，作为钢材必备原材料的铁矿石供给不成问题，矿价的上涨主要有以下几方面的原因：（1）前些年市场不景气导致勘探和开采停滞不前，供给总量的限制。（2）钢铁生产大幅上涨导致需求量急剧增大，而恶化供需现象。（3）供需矛盾双方集中度的差异

导致议价权差异，而使卖方形成价格垄断。

表 3－6　2015 年全球铁矿石新增产能　　　　（Mt）

国家及地区	目前产能	已确定新增产能	占目前产能/%	有意向新增产能	占目前产能/%
澳大利亚	425	212	50	218	51
巴西	364	119	33	165	45
印度	197	52	27	63	32
独联体	245	35	14	33	13
欧洲	112	4	4	12	11
美国/加拿大	116	12	10	41	36
其　他	119	42	35	62	52

注：1. 已确定实施的新增产能是指经过董事会和政府相关部门批准且投入资金基本到位的产能；

2. 有意向实施的新增产能是指尚未得到董事会或政府相关部门批准的、最终是否能投产存在很大不确定因素的产能。

从国际市场来看，我国面对的全球铁矿石勘探和开采有以下特点：

（1）国外的优质铁矿已经被淡水河谷、必和必拓、力拓等三家企业瓜分完，并且他们已经建设有自己的铁路和港口，我国新收购的权益矿并不属于优质铁矿。

（2）矿山企业也是典型的规模效益型企业，一般的合理规模约为 1 亿吨/年左右，而且扩大铁矿生产规模的需要高额投资，而且建设周期相对较长，主要是铁路、港口等基础设施建设的周期长和投资很大。

（3）中国从澳大利亚进口的铁矿石约占 40%，我国收购的权益矿也多在澳大利亚，而且，这些矿目前还有许多需要借用力拓及必和必拓的铁路和港口，仍然受制于人。

（4）我国钢铁企业“走出去”到国外投资办矿或入股铁矿山起步较晚，新收购的权益矿溢价都比较高。

从国内市场来看，我国铁矿石市场也存在总量较大、禀赋较差、效益不稳定的特点。近年来，我国政府对铁矿石资源的勘探开发给予了高度重视，并将铁矿作为我国对经济发展起支撑作用的大宗短缺资源。早在 2001 年 4 月国务院批复的首轮《全国矿产资源规划》中，就将其列为鼓励勘查和开发的重要短缺矿种。在《全国矿产资源规划（2008～2015 年）》中，继续将其列为鼓励勘查和开发的重要短缺矿种，并要求在规划期间实现铁矿找矿的重大突破，新增铁矿资源储量 90 亿吨；不断增加铁矿资源的持续供应能力，到 2015 年铁矿石的产量要争取达到 11 亿吨。

提高铁矿国内供给能力是解决钢铁生产原料矛盾的重要战略，但不是唯一措施。铁矿石资源也可以通过其替代资源来补充。目前铁矿石的主要替代资源为废钢、钢铁渣、尘泥和选矿厂尾矿、废石等，也称铁矿二次资源。利用废钢等二次资源，提高废钢铁供应能力，扩大废钢铁循环使用，可减少铁矿石开采和应用、能源和资源的消耗，以及水污染和废弃物的排放，有利于保护环境。提高废钢等二次钢铁原料的利用水平，不仅是我国今后缓解铁矿石资源危机必不可少的重要措施，而且从资源配置的源头上可规避碳排放，是实现生态工业、绿色钢铁的主要途径之一，更是钢铁产业长远发展的重要战略。

越来越多的钢铁企业涉足于铁矿石开采领域，总体的供需状况会得到缓解，铁矿石价格持续上涨的趋势也会因此而放缓。预计在 2013～2015 年，全球铁矿石总体供需形势会发生转变。从未来 40 年来看，铁矿石供给能力与需求也可能不断呈现供过于求和供不应求交替出现的局面，铁矿石供需最大的不确定性在于印度等新兴经济体的发展。

最近 10 年铁矿石价格的快速提升主要是中国需求爆发式增长所致，今后全球钢铁呈现如此快速增长的可能性应该不大，而随着我国废钢比的提高，对铁矿石的需求比重将逐步下降，也有利于降低对铁矿石的依赖。随着铁矿石总体产能的大幅增加，越来越多的钢铁企业涉足于铁矿石开采领域，总体的供需状况会得到缓解，铁矿石的大幅涨价的预期也会因此而放缓。钢铁企业也可以通过后向一体化降低由于铁矿石价格大幅波动所带来的经营风险。然而，需要注意的是，现在部分企业大规模在海外投资铁矿石资源，将来会面临着当地政府政策、居民生活方式以及资源开采和运输等问题，而万一铁矿石价格下降到经营成本之下，企业的损失将不可避免。未来铁矿石暴利的时代很可能一去不复返了。

二、钢铁制造流程优势

随着对钢铁工业原有功能的拓展和延伸，钢铁工业产品制造的功能也有了更深、更广的丰富的内涵，从制造流程的角度来看，钢铁工业的竞争优势将集中在技术优势和产品结构两方面。

(一) 技术优势

钢铁工业主要是以长流程工业为主，技术工艺复杂。技术成熟程度、技术改进与应用对钢铁企业降低生产成本、提高产品质量和竞争力有着很大的影响。一些新技术开发与应用对于钢铁工业的整体发展有着更为明显的作用。以下为国际大型钢铁企业通过进行一系列研发工作而取得竞争优势。

1. 组织机构方面

安赛乐·米塔尔公司是世界最大的钢铁企业，其生产经营遍布全球60多个国家。目前，安赛乐·米塔尔公司在全球有14个研发中心，研发方向主要集中在产品和工艺两方面，其产品研发主要涉及汽车、家电、金属加工、包装、建筑、不锈钢、电工钢、特种厚板和能源等方面。工艺研发重点放在了原料、环境改善、能源和质量上。此外，安赛乐·米塔尔公司还参与了探索性技术的研究和开发，如正在进行由欧盟48个成员单位参加的使钢铁生产排放减少30%～70%的ULCOS（超低CO_2炼钢）项目研究。

新日铁技术开发总部由技术开发规划部、综合技术中心及各分厂技术研究部、技术研究组三部分组成，并以综合技术中心为主体，新日铁的研发目标是改进中、高级钢材的开发和供给能力，满足钢材市场的高端需求；开发促进低级铁矿石、焦煤和其他原燃料的使用技术；开发环保技术。

浦项钢铁公司的研发目标是生产高级钢产品，开发成本有效、环境友好的工艺技术。目前主要在 12 个关键领域进行研发活动，开发 8 种战略产品，包括优质汽车钢、高级 API 钢材、400 系列不锈钢、高级电工钢板、热成型钢板、TMCP 船板、钢帘线和无铬热镀锌板。

JFE 公司一直在积极开发新技术、新产品等。JFE 公司的研发机构包括 JFE 钢铁公司钢铁研究所、JFE 工程公司工程技术研究所和 Universal 造船公司的技术研究所，共有研究人员约 700 名，其中钢铁研究所约 400 名，主要负责钢铁技术的开发，此外，为了加大工艺开发力度，JFE 钢铁研究所对人员结构进行调整，使工艺与新产品开发人员的比例从目前的 3：7 调整为 4：6，同时将研发费用也向生产工艺领域倾斜。JFE 钢铁公司注重生产工艺技术的开发是因为新产品的开发首先要有相应的工艺技术作支撑。JFE 钢铁公司钢铁研究所的研发重点主要有 4 个方面：（1）原燃料利用技术的开发。（2）电工钢板、无缝钢管、铬系不锈钢、薄板、厚板、型钢与棒线材领域中的独创和领先产品的研发。（3）能大大提高生产率与产品质量的工艺技术的开发。（4）扩大用户使用技术的研究。

2. 工艺和技术创新方面

在传统的提高产品性能及流程优化的过程中，许多创新性的技术也已经取得了大量的研究成果，并应用于实践，也取得了良好的社会经济效益，在大范围推广使用的过程中，也成为新的利润点。

神户制钢在美国明尼苏达州建设的炼铁厂采用了自己研发的新一代炼铁法 ITmk3，尽管年产规模只有 500kt，但已引起全球钢铁业者的高度重视。新炼铁厂使用的原料是高炉难以利用的低品位铁矿石和火电厂发电用动力煤，生产的产品含铁量高达96%~97%。除美国外，乌克兰和印度也要新建这种炼铁厂。神户制钢表示，未来将凭借这一新技术开拓海外市场。

新日铁大分厂新投产的1Mt焦炉采用新一代焦炉技术scope21。所用原料煤将过去因担心影响焦炭质量而限制使用的廉价非、弱黏结煤比例由20%提高至50%，既提高了生产率，又大大改善了环境。这一由日本五大高炉钢厂和三菱化工公司共同研发的技术，有利于降低焦煤和焦炭价格上涨带来的成本波动。在铁矿石方面，新日铁八幡厂推广应用将部分低品位铁矿石加入熔剂后使用的新技术，从而在一定程度上缓解了成本快速上涨的压力。

在应对焦煤资源短缺方面，日本钢铁企业发展了ITmk3新炼铁技术和scope21新炼焦技术。JFE公司西日本钢铁厂仓敷厂投资200亿日元计划新建的440kt、年焦炉将借鉴新日铁的新焦炉技术，而新日铁老焦炉改造则拟全部采用scope21新技术。

进入21世纪以来，全球钢铁产业技术研发的成果主要表现在环境保护、降低能源消耗、二次能源综合利用、低品质资源利用、固废回收与综合利用、温室气体减排、烟粉尘治理、新产品开发等方面。如scope21炼焦技术、焦炉处理废塑料技术、焦炉煤气高效脱硫技术、烧结废气干法净化工艺（MEROS）、废渣利用技术、废水处理技术、超低二氧化碳排放炼铁法（ULCOS）、燃气-蒸汽联合循环发电技术（CCPP）、FINEX非高炉炼铁技术研发与应用、转炉“负能”炼钢技术、长材和带钢的无头轧制技术等，以及汽车用高强度板、石油天然气输送用高钢级管线钢（X100、X120）等，但在突破性的冶炼和轧制工艺技术并未取得重大进展，从近年来世界上一些钢铁技术类杂志的陆续合并（刊）或取消可以得到印证。

技术创新是企业发展的不竭动力。低成本和差异化将是未来钢铁企业选择的主要竞争方式。技术创新是企业实施差异化发展的根基，国外先进钢铁企业均将技术研发作为最重要的工作，有的企业以成为世界钢铁技术的先驱为己任，投入巨资进行钢铁技术和工艺的革命性变革，这是这些企业保持持续竞争力的重要原因。技术优势现在是、将来也是钢铁企业赢得市场优势的重要法宝。

（二）产品结构优势

1. 高性能、高强度钢材产品的竞争优势

日本无钢铁生产主要原料，新日铁的铁矿石和煤炭全部依靠进口。新日铁在钢铁生产新技术、新工艺、新设备方面一直走在世界前列，钢铁行业利润约占其总公司利润的90%。正是因为其钢铁主业的突出业绩，才使其连续13年进入世界500强。

新日铁钢铁厂主要生产薄板、中厚板、钢管、特钢、钢结构及其他加工类钢产品，其经济技术指标先进，仅电工钢产品的专利申请量就达到1800多件。汽车板被列为该公司优先发展的品种，目前汽车用钢发货量占全世界市场份额的9%。2008财年，新日铁的销售总额为40386亿日元，其中，生铁、钢锭和其他产品的销售额占到该业务总销售额的比例为2%，二次产品占比为1%，特殊钢占比为19%，钢管占比为4%，钢结构占比12%，扁平轧材占比为62%。

新日铁的钢材产品质量性能优良，附加值高，这也是新日铁的主要竞争优势所在。JFE也同样是提高产品质量，做高端钢材获取竞争优势。2003年4月1日，日本NKK和川崎合并成JFE，合并前后也可视为连续13年进入世界500强。JFE产品包括薄板、中厚板、型材、管材、棒材、线材、电工钢板和不锈钢等。

JFE公司拥有三个生产中心：两个沿海钢厂分别位于日本东部和西部；还有知多厂，主要生产管材。2010年公司粗钢产量为28Mt，JFE的中期经营计划是重点增加优质钢材产量。近年来JFE开发了多种高性能、特殊用途的中厚板、钢管、型钢等产品，附加值都较高。

蒂森·克虏伯集团是德国工业巨头，经营业务遍及世界各地，其下属的蒂森·克虏伯钢铁公司于1997年重组后，其钢铁销售收入比例已低于50%，被列入以工农业设备为主营的行业。蒂森·克虏伯集团下设蒂森克虏伯钢公司、不锈钢公司、技术公司、电梯公司和服务公司。其中的蒂森·克虏伯钢公司是全球高端扁平材生产商之一。

神户制钢公司成立于1905年9月1日，是日本主要钢铁生产商之一，也是日本顶尖的铝和铜产品供应商，钢铁产品包括线材、彩涂板、高抗拉强度钢板等。在日本、美洲、亚洲以及欧洲都设有分公司。

宝钢实施钢铁精品战略，目标是建成中国汽车用钢、油气开采和输送用钢、不锈钢、家电用钢、交通运输器材用钢、电工钢、锅炉和压力容器用钢、食品饮料等包装用钢、金属制品用钢、特种材料用钢以及高级建筑用钢等钢铁精品生产基地和中国钢铁工业新技术、新工艺、新材料的研发基地。宝钢是中国钢铁制造业唯一连续4年进入世界500强的企业。

2. 产品结构全面化优势

2002年2月，欧洲三大钢铁生产厂——法国于齐诺尔、卢森堡阿尔贝德和西班牙阿塞雷利亚以换股方式合并成立了安赛乐钢铁集团，总部位于卢森堡。组建后，连续5年进入世界500强。2006年公司粗钢产量54.32Mt，世界排名第2位。安赛乐主要产品包括扁平材、长材、不锈钢等，应用于汽车、建筑、家用电器、包装业及其他行业。米塔尔是目前世界上最大的全球化钢铁公司。除了扁平材和长材产品，该公司还生产铁矿石、炼焦煤、直接还原铁等。2006年其钢铁产量63660kt，世界排名第1位。

2006年，米塔尔与安赛乐钢铁集团合并，组建成钢铁业领头羊安赛乐·米塔尔钢铁公司，2006年粗钢产量合计117980kt，约占全世界粗钢产量的10%，汽车用钢发货量合计占全世界市场份额的26%，处于垄断地位。

安赛乐·米塔尔合并之后，在延续汽车用钢高市场份额优势的基础上，产品结构更为全面，有助于服务于不同的用户，他可以提供不同的产品，包括高质量碳钢钢材、半成品碳钢钢材和不锈钢产品；还擅长于生产板材，宽广的产品范围还使该公司在市场波动时相比竞争对手具有很大的优势。

美国钢铁公司拥有强大的品牌形象，并且在全球拥有高质量的产品生产线。通过下属业务部门和生产企业，美国钢铁公司致力于热轧薄板、冷轧薄板、涂层板、半成品棒材和中厚板、管材、镀锡产品、焦炭和球团矿等的生产。丰富的产品大纲可以避免因某些产品需求下滑对公司生产经营造成负面影响，从而保持营业收入的相对稳定。

随着钢铁生产技术的进步，日本钢铁企业可以向汽车业和机械制造业提供高强度超轻钢板，向石油开采业提供高级无缝钢管，向造船业提供高强度中厚板等高附加值钢材，不断扩大其在国际钢材市场的竞争优势。在坚持生产高级钢材的同时，也在不断地丰富钢材品种，以满足更多种类的下游需求。

（三）基于循环经济的流程优势构建

如何在地球环境容许的范围内发展钢铁工业是决定钢铁工业能否可持续发展的关键因素，也是影响人类社会可持续发展的重要因素。钢铁工业的出路在于钢铁制造的绿色化：提高钢材的使用效率，用不断降低的单位经济增量的耗钢量支撑世界经济的发展；不断降低钢铁工业的能耗和资源消耗，使钢铁工业成为最重要的资源节约型产业；不断减少钢铁工业的排放，使钢铁工业成为循环经济的组成部分；实现钢铁制造的绿色化。

钢铁工业是物质流、能量流、资金流、信息流等多维运动组成的复杂系统，钢铁企业未来的发展空间除钢材本身质量和性能的改善外，如何充分利用生产过程中产生和耗费的其他资源、如何提高资源和能源的利用效率很可能成为钢铁企业可持续发展的薄弱和关键环节。

1. 资源与能源的有效利用

在循环经济社会中，新一代钢厂通过钢厂功能的拓展，充分发挥钢厂的钢铁产品制造功能、能源转换功能和废弃物消纳处理功能，并凭借自己的物质流和能量流的优势、资金优势、技术优势、人才优势，通过实施绿色制造，促进形成钢铁与发电、建材及石化（化工）等行业的工业生态制造链，融入到循环经济社会。

各种副产煤气——焦炉煤气、高炉煤气和转炉煤气是钢铁厂二次能源的主要形式，占二次能源总量的75%左右。副产煤气的充分、合理利用是降低能源消耗、发挥钢厂能源转换功能的关键所在，不仅有利于降低钢厂单位产品的能源消耗和排放负荷，甚至有可能开发出新的大规模制氢工艺来。

如采用传统的燃料化的煤气利用方式，为实现100%自发电，除通过副产煤气的充分回收利用外，还需要外购部分动力煤以建设电站，再加上CDQ（干熄焦），TRT发电，即可实现电力自给，并有可能实现少量外供。若采用资源化的煤气利用方式，通过焦炉煤气变压吸附制氢，开拓出大规模、高效、低成本工业化制氢生产线，除本企业冷轧工序自用外，还可外供部分氢气，从而与石化行业形成生态产业链，或供汽车动力等其他用途，同时利用煤气和剩余的制氢解析气与煤配合，仍然能实现钢厂自发电的目标。另外，通过高炉渣再资源化利用，可形成年产水泥、水泥微粉等生产能力，实现与建材行业链接；与社会链接，可使用部分废钢，在技术和政策支持下，有望处理一定的废塑料。

2. 能源与环境的管理

未来钢铁制造流程中能源与环境系统的管理内容包括：满足需求（对各个用户）→高效化（对各个生产单元）→零排放（对各种资源）→低成本（对全系统）→环境友好（对全社会及自然界），见图3－2。

（1）满足需求。用能单元要满足工艺需要（而不是反之）、供能单元要满足用户需要（用能单元的需要—锁定品种：压力—流量、品质）；满足需求是通过能源过度供给来实现的。

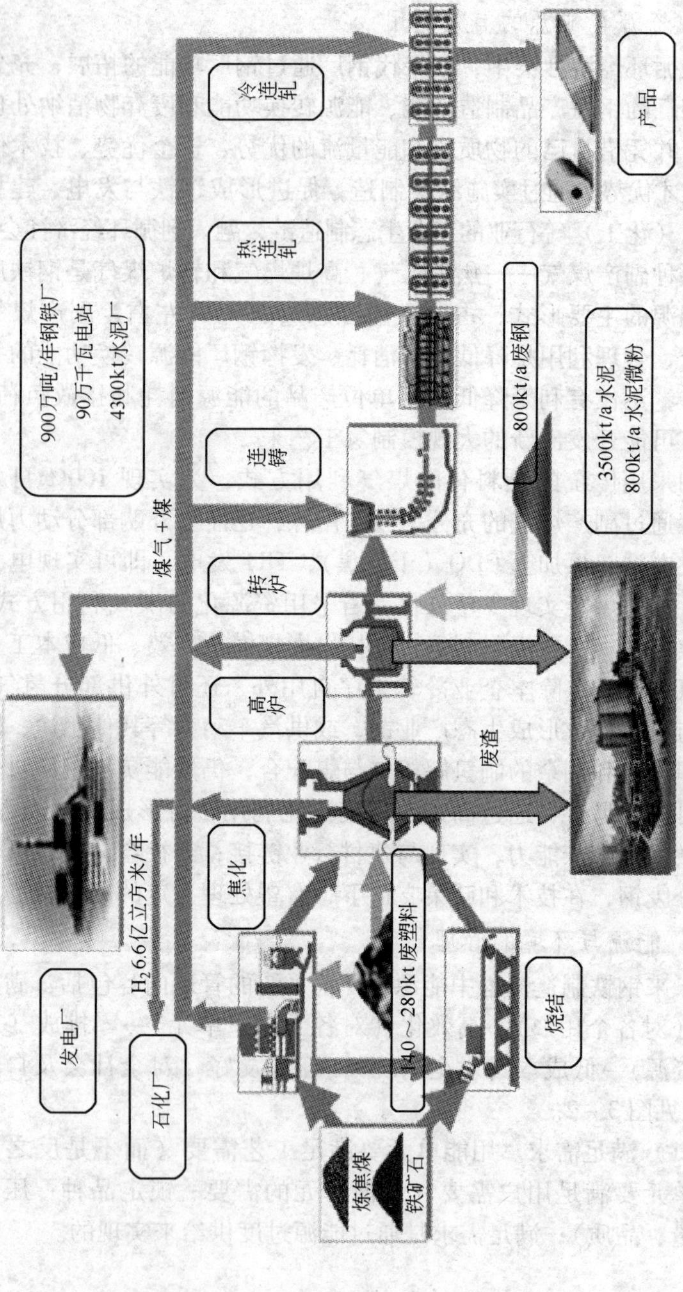

图3－2　未来钢铁企业发展循环经济示意图

(2) 高效化。用能单元从改善生产工艺来优化用能；供能单元从改善生产技术来优化供能（主要是提高效率，包括提高生产效率、提高传输效率）。

(3) 零排放。主要是关注资源的循环利用问题；途径是提高转换效率和实现资源的循环利用。

(4) 低成本（对全系统）。从能源角度考量生产工艺的合理性、回收的合理性，重点是回收排放的“低端余能”而非“物”；生产单元的高效化、能源介质转换的高效化；传输介质的合理性选择；快捷转换（系统响应快是“零排放”的核心技术）；全系统成本最低是导则（而不是单种资源成本最低）。

(5) 环境友好。对全社会及自然界；除了环境技术外，当下更注重的是成本导则（能源与环保均要求系统低成本，否则无生命力）。

未来的钢铁企业将建立环境运行中心，以有效促进环境管理。还可以考虑环境运行中心与能源运行中心合并，建立集地理信息系统（GIS）、时钟于一体的环境在线监测系统，实时掌握污染物的排放，同时根据系统收集的数据拟合污染物排放模型、成本模型（投资、运行及排污费），从而为更有效地加强环境管理提供必要的手段支撑。

三、钢铁企业向下游拓展的发展趋势

（一）现有产品结构下钢铁业服务的发展

随着钢铁工业产品同质化越来越强，竞争越来越激烈的情况下，钢铁工业的服务水平也成为竞争的关键，引导钢铁企业针对下游用户的需求进行产品功能拓展，发展故障诊断、远程咨询、专业维修、在线商店、位置服务等新型服务形态。

以上海宝钢为例，宝钢为上海经济和社会作出了巨大的贡献，但钢铁行业高能耗、高污染的特征越来越不适应上海国际化大都市的快速发展。为此，近年来宝钢加大了非钢产业的投资和管理，形成了六大非钢产业与钢铁共同发展的模式；而宝山区也以钢铁为核心，大力推进钢铁服务业的建设，近年来新增钢铁服务业企业200余户，全区已有钢铁服务业企业5100多家；全区钢铁服务业实现营业收入3000亿元，税收20亿元，占全区税收总量的12%。

在区内的宝钢区域形成国内最大的冶建、钢结构产业群时，宝山区重点推进的宝钢不锈钢加工配送中心、宝钢船板配送中心等一批重大钢铁服务业项目相继投产。上海国际钢铁服务业中心、宝莲城、上海钢铁金融产业园等钢铁服务业集聚区，也使得星罗棋布的钢铁企业产生“抱团”效应，并形成集钢铁生产、研发、咨询、贸易、电子商务等于一体的钢铁供应链。

（二）改变产品结构的下游拓展

蒂森·克虏伯公司一直积极于在下游加工产业发展，涉及服务、技术领域等，从蒂森·克虏伯公司2007/2008财年各业务单元所创造的税前利润来看，钢铁业务单元最高，达到17.0亿欧元，占当财年公司总EBIT的比例为43%，其后依次为服务单元的8.34亿欧元，占比为22%；技术业务单元为6.78亿欧元，占比为17%；电梯业务单元为4.5亿欧元，占比为12%；最后为不锈钢业务单元的2.14亿欧元，占比为6%。2008/2009财年，由于全球金融危机和经济衰退，电梯单元仍盈利5.68亿欧元，对公司总体经营包括降低亏损甚至盈利可以有很大贡献。通过深加工提供更高附加值的产品，蒂森·克虏伯公司具有了较强的竞争能力。

新日铁集团是以钢铁生产和钢结构生产作为公司经营的支柱业务，并以此作为支撑发展其他5个业务领域：工程和建设业务领域、城市开发业务领域、化工业务领域、新材料业务领域和系统解决方案业务领域。新日铁自身所言，钢铁业务是其经营的基础，其他业务只是补充，因此，新日铁的经营属于适度多元经营体制。

安赛乐·米塔尔集团是全球最大的钢铁企业，安赛乐·米塔尔集团取得成功得益于其持续实施的发展战略，即不断扩大企业规模、纵向整合产业链、产品多样性、持续增加高附加值产品生产和强化对用户的服务。该集团通过持续增长战略，保持其全球钢铁业的领导者的地位，向下游发展是安赛乐·米塔尔集团打造全球服务商的关键。在高附加值产品供应方面，对下游整合使得钢铁企业可以更接近用户和获取更大的高附加值产品市场份额。借助于集团关键用户的全球化，安赛乐·米塔尔集团投资于高附加值的下游生产，如建立钢材服务中心和建设建筑产业支持服务中心。此外，其还在有选择的地缘市场继续发展分销网络。该集团进入下游产业和扩大分销网络将使其获益于更好的市场调查以及获益于供应链中更好的库存管理，以改进运营资金管理。

钢结构通常由型钢和钢板等制成的钢梁、钢柱、钢桁架等构件组成，各构件或部件之间采用焊缝、螺栓或铆钉连接，有些钢结构还用钢绞线、钢丝绳或钢丝束以及铸钢等材料组成。钢结构所需的钢材强度较高，弹性模量也高，适宜于承受振动和冲击荷载。我国建筑行业消费的钢材约占钢材总产量的50%～60%，与世界钢材的平均消费水平相当。但是目前我国钢材在建筑中的消费主要是用于钢筋混凝土中的钢筋、钢丝、钢绞线，机电管线、门窗、栏杆和五金配件等，真正意义上的钢结构建筑用钢只占10%左右。在房屋建筑中使用钢结构的建筑面积更少，约占2%，发达国家使用钢结构的建筑面积占到40%～60%。从上述数据看，我国钢结构建筑用钢量严重偏低，与钢产量的快速增长形成了巨大的反差。

随着我国钢材品种的日益丰富，产品质量的不断提高，以及建筑钢结构应用技术的发展，钢结构建筑产业已被列入《当前国家重点鼓励发展的产业、产品和技术目录》、《国家优先发展的高技术产业化重点领域指南》，是国家重点支持的产业之一。国家相关部门先后颁布了建筑钢结构钢材、设计、制造、施工等相关国家标准和规范。这无疑将为整个钢结构产业的加速发展创造条件。《建筑业“十二五”发展规划》的出台，更预示着我国钢结构建筑发展春天的到来。

由此可见，钢结构也是钢铁工业发展的新方向，同时，模块化生产也是钢铁企业增强企业竞争力的新思路。

（三）改变经营范围的钢铁业服务发展

随着生产性服务业的兴起，钢铁工业的范围逐步拓展，钢铁工业信息服务网络服务、采购宝、IEC 电子商务采购平台等逐步开展起来。

IEC 电子商务平台是电子商务标准版的升级平台，不仅支持期货订货、现货服务，还增加了对加工业务的支持，并且在平台架构、功能优化、界面体验上有显著改善。在上海不锈、华中区域 IEC 电子商务上线并稳定运行后，IEC 项目组与宝钢商贸、宝山公司和浦东国贸三家专营公司举行了 IEC 电子商务上线启动会，确认了 IEC 电子商务上线机制、上线内容。

国内还出现了兰格钢铁、东方钢铁等钢铁行业垂直门户网站，专业提供钢铁市场行情、产经资讯、市场分析预测、信息咨询、网上交易、网上采购、网站建设、解决方案等，这些专注于钢铁业的电子商务公司具备较大的发展潜力。

宝信软件长期从事钢铁行业信息化服务，在流通领域信息化建设过程中积累了大量的宝贵经验，形成了极具行业特色的解决方案，为钢铁流通领域不同层次的用户提供贸易、物流、业务协同、电子商务等各个方面的信息服务，有效地解决了钢铁相关企业经营管理、客户服务和外部扩张过程中的诸多难题。

宝信提供的钢铁流通领域信息化是一个集贸易、物流、加工、电子商务、客户关系管理的整体解决方案，主推几个产品，贸易（BSST），物流服务（BSSL），剪切加工（BSMS），电子商务（BSEB），关系管理（BSRM）。每个产品可独立使用，也可集成使用，具备如下特性：（1）提供了钢材流通领域中所有通用功能；（2）多组织、多账套设计，支持复杂多样的集团型及异地分子公司协同运作；（3）支持国内钢铁贸易的所有模式，覆盖钢材全部品种；（4）推动管理精细化，资金流向、成本核算到每笔业务；（5）基于工作流的流程设计，快速响应业务变更。

未来40年，钢铁工业将由粗放式发展向集约化发展转变。钢铁工业的上下游产业链的结合将更加紧密，上下游将建立稳定、可持续发展的协作关系，产业链的利润在上下游之间有序分配。经过产能过剩、充分竞争的洗礼，大型化、现代化或许是未来产业发展的模式，钢铁企业将通过与上下游的紧密合作、相互参股、共同开发实现做大做强的目标。

第二节　钢铁工业信息化建设

传统钢铁企业主要精力集中在生产设备投资之上，在信息化方面缺乏足够的实践经验、管理储备和技术积累，因此，注定了在这一轮信息化大潮中会被外界力量所主导。这些外界力量可以分为三股：第一股力量来自于已经取得信息化成效的“示范企业”，包括宝钢、中钢和国外的浦项、蒂森·克虏伯等，这些领先的钢铁企业都通过实施ERP（或者后来被称为ERP的系统）取得了显著效益；第二股力量来自于ERP软件公司和咨询公司等“信息化供应商”，它们将其他行业的ERP实施经验抽象到信息化层次，并营造ERP在钢铁企业信息化的核心地位；第三股力量来自于政府的调控，政府通过政策、资金支持等手段鼓励传统产业的信息化来提升产业整体水平，对钢铁行业信息化起到了极大的推动作用。

第一章中描述了在钢铁工业信息化的发展情况和未来钢铁工业发展信息的趋势。在将信息化广泛应用和推广于钢铁工业的过程中，主要应该注意以下几方面：信息化在钢铁企业内部的应用，包括对生产过程、产品服务、内部管控等方面；信息化在钢铁企业整体供应链直接的应用，包括信息共享、战略合作等；还有信息化在钢铁企业之间的应用，协同开发，集团管控等方面。

一、钢铁企业内部的信息化建设

纵观我国钢铁工业的发展历史，不管是在计划经济时期，还是在市场经济环境下；不管是在20世纪90年代困难时期，还是21世纪前几年效益较好的时期，钢铁工业由大变强的过程，也是钢铁信息化不断进步的过程。

中国钢铁工业为了提高产品质量、减少废次品、降低成本、合理组织生产、能源综合利用、清洁化生产、管理流程优化、最大限度地满足客户个性化的需求，以信息技术为手段、以管理创新、技术创新、制度创新为动力，改造落后装备，实现生产过程自动化、管理信息化。

与以往单项应用仅限于信息化在某一方面业务的应用不同，现阶段的信息化主要是集成应用，其焦点是信息化管理和生产过程控制系统的衔接、产销一体化和财务业务系统的无缝集成。据中国钢铁工业协会统计，中国钢铁行业已有30多家大企业和企业集团的信息化项目进入了企业的核心应用，不仅实现对生产过程的控制，而且覆盖了企业运营的各个主要流程。

以这些先进企业为引领，我国钢铁企业信息化建设对网络性能的要求不断提高。如攀枝花钢铁厂提出的企业网建设指标中，就包括99.999%的电信级可靠性、线速的智能性、用户端到用户端可靠的Q&S保证、高可管理性、用户端到用户端的安全性、高度的灵活性、可扩充性和良好的扩展能力、网络100%的兼容性等。

武钢通过业务流程重组和IT平台工具的使用，打破了条条框框的信息壁垒和信息割据，有效地解决了信息孤岛现象，实现了统一平台上的信息共享。同时，全面加强了企业管理的标准化和规范化，产品标准、技术规范、检验标准等都规范地建立在冶金知识数据库中，流程程序和事项、操作规范等均由系统自动执行，根治了执行难的问题。还打通了内外部信息平台，实现了统一管理、经营协同、资源整合、信息共享。

在信息化广泛渗透于钢铁企业生产过程的同时，信息化与钢铁企业融合的足迹遍布产销一体化、企业管理、采购营销体系、节能减排、企业发展战略等各个生产经营环节。

二、钢铁企业与上下游企业的信息化网络

（一）信息化成为钢铁企业产业链建设的基础支撑

随着客户对交货周期、产品质量、库存配送等的要求越来越高，钢铁产业正在从以生产为中心向以客户为中心转变；信息化应用也已经从生产性环节延伸到服务性环节，从企业内部的信息化延伸到下游产业链间的信息化，以实现产业链共赢为目标。因此，建立产销一体化的生产体系，快速响应市场的变化，已经成为钢铁企业核心竞争力的重要组成部分。

钢铁业的集成应用的焦点是信息化管理和生产过程控制系统的衔接、产销一体化和财务业务系统的无缝集成；深度应用则是有待创新的领域，包括经营模式的创新、利用信息化去支持领导层的决策等。比如湘钢内部的产销一体化系统支持企业内部和外部业务的有效衔接，实现生产经营业务信息集成、透明，能够实时掌控客户订单接单、排程、生产、发货等各环节状态，支撑建立以市场为导向的生产经营模式。

（二）电子商务有助于产业链协同的快速发展

进入新世纪以来，我国钢铁企业信息化水平迅速提高，形成了从生产过程控制（PCS）、制造执行系统（MES），到企业资源规划（ERP）、供应链管理（SCM）、客户关系管理（CRM）和到知识获取（KMS）的一整套体系，一定程度上解决了企业内部信息化的问题，但依然没能有效解决企业内外部资源沟通的问题。钢铁行业面临生产集中度低、钢铁原材料采购分散、采购成本高、钢材产品贸易商众多、销售渠道复杂等行业难题，解决

这些问题仅靠 ERP 等内部信息系统是不够的，基于产业链的协同，电子商务使信息化等技术和应用价值有了新的拓展。

钢铁企业发展电子商务是企业适应未来市场竞争的需要，可以说，电子商务作为钢铁企业信息化建设的重要组成部分，将为提高我国钢铁企业在未来的国际市场上的竞争力发挥巨大的作用。

部分企业通过建立电子商务平台，实现了将期货销售已经延伸到供应链下游，与直供的汽车企业、造船企业及家电企业形成了“一体化协同商务平台”，可提供从产品预定、合同跟踪、销售物流、财务结算到售后服务支持等多环节的服务支持。

由于电子商务可提供网上交易和管理等全过程的服务。因此，它具有广告宣传、咨询洽谈、网上定购、网上支付、电子账户、服务传递、意见征询、交易管理等各项功能。对于钢铁企业电子商务来说，基本是 B2B 模式。其功能主要集中在以下几个：(1）广告宣传。电子商务可凭借企业的 Web 服务器和客户的浏览，在 Internet 上发播各类商业信息。客户可借助网上的检索工具迅速地找到所需要的商品信息，而商家可利用网上主页和电子邮件在全球范围内作低成本、大信息量的广告宣传。(2）咨询洽谈。电子商务可借助非实时的电子邮件、新闻组和实时的讨论组来了解市场和商品信息、洽谈交易事务这种沟通方式能超越人们面对面洽谈的限制、提供多种方便的异地交谈形式。（3）网上订购。电子商务可借助 Web 中的邮件交互传送实现网上的订购。(4）网上支付。电子商务要成为一个完整的过程。在网上直接采用电子支付手段将减少交易成本，同时安全性高。（5）意见征询。电子商务能十分方便地收集用户对销售服务的反馈意见，能提高售后服务的水平，更使企业获得改进产品、发现市场的商业机会。（6）交易管理。整个交易的管理将涉及人、财、物多个方面，企业和企业、企业和客户及企业内部等各方面的协调和管理，因此，交易管理是涉及商务活动全过程的管理。

以上功能中，信息沟通和交易管理是 B2B 电子商务最为基本和最为重要的功能，也是钢铁企业可以从中获取创新力量的基础。

进入21世纪，市场竞争已经不再是企业与企业之间的竞争，而是上升为产业链与产业链之间的竞争。特别地，未来钢铁工业的发展单纯依靠产品规模和销售环节取得效益将再度变得越来越难。

因此，协同电子商务的意义在于通过产业链的建设，从供应商、生产商、流通商和用户（大钢铁行业的概念）等几个环节来共同快速响应市场的需求变化，降低流通成本，创造最大收益。协同型电子商务的好处在于：（1）信息共享。通过自我的或者第三方的电子商务平台掌握信息来源、资金投入、队伍建设、扩大信息覆盖面以及上下游行业的信息共建。（2）战略协作。通过网上监控系统的信用积累和受法律认可的信用交易记录，钢铁企业完全可以建立起自己核心伙伴队伍，并可与核心伙伴加强市场合作，开拓更大商机。（3）大规模节省交易费用。协同型电子商务完全打通参与方的内部信息系统，并且可以利用银行的特别支持，实现完全在线的交易交割，甚至可以针对市场需求变化，同步更改经营运作。这大量节省了交易环节本身以及随后带来的交易实现成本。

三、钢铁企业之间的信息化关联

（一）企业集团内各分子公司的信息化关联

随着信息化的逐步深入，钢铁企业之间的竞争已不再是单纯的产品、服务的竞争，而是整个供应链的竞争，竞争范围逐步扩大，随之钢铁企业之间的协作关系也会越发明显。

现在钢铁企业多为集团企业，机构庞大，区域分散，尤其是厂矿分布在一些偏远的山区，各级公司、厂矿与集团总部的沟通协作尤为迫切，因此，钢铁企业之间顺畅的信息化关联也是钢铁工业发展的重要部分。

（二）不同企业集团之间的信息化关联

随着国际化的广泛发展，钢铁企业频频与世界顶级企业展开合作，在钢铁领域或“非钢”领域寻求突破。在中国钢铁工业发展的同时，展开企业间的沟通协作有助于提高国内钢铁企业的竞争力。

虽然我国钢铁工业在世界上占有极为重要的地位，钢铁产量和消费量均居于首位，但面对未来全球经济的发展趋势及与其他国家的钢铁企业的激烈竞争，技术创新和管理创新也是面对竞争的重要手段，以企业间的信息化作为手段，开发新型生产技术，提高产品性能，完善管理方法也是增强中国钢铁工业竞争力的有效手段。

四、物联网和云计算的发展对钢铁行业发展带来的冲击及机遇

现有信息化发展的情况下，云计算和物联网也成为主题，云服务也随之成为热点。也为钢铁企业带来一系列的对管理方式的变化和变革。

（一）物联网与云计算的发展

物联网主要包括两层意思：一是其核心和基础仍是互联网，是互联网延伸和扩展的网络；二是其用户端延伸和扩展到了物品间的信息交换和通讯。其具体定义是：通过射频识别（RFID）装置、红外感应器、全球定位系统、激光扫描器等信息传感设备，按约定的协议，把任何物品与互联网相连接，进行信息交换和通信，以实现智能化识别、定位、跟踪、监控和管理的一种网络。

这里的“物”要具备以下条件才能够被纳入物联网的范围：（1）相应信息的接收器；（2）数据传输通路；（3）一定的存储功能；（4）CPU；（5）操作系统；（6）专门的应用程序；

(7) 数据发送器;(8) 遵循物联网的通信协议;(9) 在世界网络中有可被识别的唯一编号。

虽然目前国内对物联网也还没有一个统一的标准定义,但是物联网涉及了信息技术的方方面面,是一种聚合性、系统性的创新应用与发展。物联网的本质概括起来主要体现3个特征:(1) 互联网特征;(2) 识别与通信特征;(3) 智能化特征。作为国家的新兴战略产业,实际上是在社会经济活动发展到一定程度后,利用信息技术、通信技术等,使社会与经济活动更加有效的一种技术。

与物联网相对应的,近年来迅速发展的并得到广泛关注的,还有云计算技术。

云计算的核心思想,是将大量用网络连接的计算资源统一管理和调度,构成一个计算资源池向用户按需服务。提供资源的网络被称为"云"。"云"中的资源在使用者看来是可以无限扩展的,并且可以随时获取,按需使用,随时扩展,按使用付费。云计算的产业三级分层:云软件、云平台、云设备。

云计算是网格计算、分布式计算、并行计算、效用计算、网络存储、虚拟化、负载均衡等传统计算机和网络技术发展融合的产物。

近年来,云计算得到了迅速发展。2007年10月,Google与IBM开始在美国大学校园,包括卡内基梅隆大学、麻省理工学院、斯坦福大学、加州大学柏克莱分校及马里兰大学等,推广云计算的计划,这项计划希望能降低分布式计算技术在学术研究方面的成本,并为这些大学提供相关的软硬件设备及技术支持(包括数百台个人电脑及BladeCenter与System x服务器,这些计算平台将提供1600个处理器,支持包括Linux、Xen、Hadoop等开放源代码平台)。而学生则可以通过网络开发各项以大规模计算为基础的研究计划。2008年2月1日,IBM (NYSE: IBM) 宣布将在中国无锡太湖新城科教产业园为中国的软件公司建立全球第一个云计算中心 (Cloud Computing Center)。2008年7月29

日，雅虎、惠普和英特尔宣布一项涵盖美国、德国和新加坡的联合研究计划，推出云计算研究测试床，推进云计算。该计划要与合作伙伴创建 6 个数据中心作为研究试验平台，每个数据中心配置 1400 个至 4000 个处理器。这些合作伙伴包括新加坡资讯通信发展管理局、德国卡尔斯鲁厄大学 Steinbuch 计算中心、美国伊利诺伊大学香槟分校、英特尔研究院、惠普实验室和雅虎。2008 年 8 月 3 日，美国专利商标局网站信息显示，戴尔正在申请云计算（Cloud Computing）商标，此举旨在加强对这一未来可能重塑技术。2009 年 11 月，中国第一家云计算产业协会在深圳成立，协会的成立标志着地方政府对发展云计算产业的信心。2010 年 3 月 5 日，Novell 与云安全联盟（CSA）共同宣布一项供应商中立计划，名为“可信任云计算计划（Trusted Cloud Initiative）”。2010 年 7 月，美国国家航空航天局和包括 Rackspace、AMD、Intel、戴尔等支持厂商共同宣布 OpenStack 开放源代码计划，微软在 2010 年 10 月表示支持 OpenStack 与 Windows Server 2008 R2 的集成；而 Ubuntu 已把 OpenStack 加至 11.04 版本中。2011 年 2 月，思科系统正式加入 OpenStack，重点研制 OpenStack 的网络服务。

至今，“云”的思想还在不断地拓展和发展中，可以预见的是，它不仅仅会在计算机技术方面掀起一场革命，也会影响到各行各业。

（二）物联网与云计算标准的设立对钢铁工业的冲击与影响

云计算作为一种新兴商业计算模式，将带动整个信息产业链的转型升级。从去年起，上海开始实施“云海计划”，力争到 2012 年，培育 10 家销售额超亿元的云计算技术与服务企业，建成 10 个面向城市管理、产业发展等领域的云计算应用示范平台；推动 100 家软件和信息服务业企业向“云服务”企业转型；带动全市信息服务业新增经营收入 1000 亿元，培养和引进 1000 名云计算产业高端人才。

国际权威机构IDC预测，到2014年，全世界约有50%的存储数据将放在“共有云”上。另外，许多和云计算有关的术语、技术接口等仍是“各说各的话”，不同公司采用不同的技术方案，导致大量数据和服务无法在跨公司范围内转移、共享，从而局限了云计算的应用服务范围。对此，我国已启动云计算产业相关标准的制订工作，同时积极参与国际标准的制订。

《联网发展指导意见》和《物联网“十二五”规划》已经出台，其激励政策会促进物联网的快速发展，物联网产业细分行业大多已有国家标准。近年来，我国在传感器网络接口、标识、安全、传感器网络与通信网融合发展、泛在网体系架构等相关技术标准的研究方面有相当进展，已具备攻坚物联网国际标准的能力，是传感器网络国际标准化工作组的主导国之一。但在物联网总体标准体系建设方面，目前国内外并没有统一标准。

目前，云计算的国际标准也正在制订中，国家工信部电子技术标准化研究所和国内相关院所高校在参与的同时，也在着手制订我国的云计算标准。我国的云计算标准将涉及基础设施、关键技术与产品、测评、运营、安全评价等部分，基本涵盖了从硬件、软件到商业化应用模式的各个环节。其中，“分布式关系数据库服务接口规范”和“新型网络操作系统总体技术要求”两项标准研究课题已正式立项，还有5项准备立项。

作为朝阳产业，物流网和云计算定会快速发展，不同产业之间的信息共享、融合也会成为下一阶段发展的趋势，在这种情况下，钢铁企业则需要适时地顺应时代潮流，加快对外界知识的学习、应用能力，同时加强自身对外界的反应速度。

1. 企业间物联和信息共享促进钢铁大供应链形成

钢铁行业属于原材料工业，是上下游企业中比较靠前的典型中间企业，除铁轨以及少数金属网格等最终产品外，钢铁行业的产品基本上为中间产品，它为下游制造加工业提供的原料，如汽车、家电、船舶、集装箱板以及建筑（如桥梁、铁路、高速公路、大坝、工厂以及民用建筑）等。将上游企业和下游企业各自的企业内信息化工作做好，再将企业间的物联打通，那么针对钢铁行业上下游企业的大供应链就会形成。

生产出满足下游需求的钢铁产品，尽量提高交货的准确性，以缩短交货期，这样就可以减少库存积压和原料保有量，减少资金占用，就是钢铁企业信息化所要实现的目标。而钢铁行业的下游企业，如汽车制造业等信息化程度较高的行业，对产品要求极为严格，对每一个零件型号、尺寸等的要求都极其精确，一旦不符合标准即成为废品。

对于汽车制造商来说，如何降低原料库存是其不能完全左右的事情，因为原料库存与上游企业之间的中间环节（如采购和运输）都有直接联系。而一旦这些中间环节对企业产生影响，可能会对交货期及零件批次产生比制造过程更大的影响。制造过程是以分、秒甚至是更为精确的数据来计算的，若是因物流原因出现如原料不到位等问题，那么制造过程中所提高的效率就会被完全掩盖。解决这些问题最直接的办法就是加大库存，随之产生的最直接后果就是大量资金的占用。

针对企业间这些不可控因素可能出现的问题，很多钢企都在努力寻找解决办法。如宝钢建立了配送剪切中心，按照客户的尺寸需求直接将所需零件剪切好送到用户那里去，这样宝钢下游企业的供货就有了保障，成功保证了产销衔接的紧密性和精确性。然而，能做到这一点的钢企并不多，可见针对企业间的要做的工作还非常多。

对于国内企业来说，要实现企业间的物流联网还有很长的路要走，要在应用中不断摸索，并向这方面发展较快的国家学习。将上游企业和下游企业各自的企业内信息化工作做好，再将企业间的物联打通，那么针对钢铁行业上下游企业的大供应链就会形成。

虽然由于目前钢铁、板材市场的不景气，下游企业在这方面可能并不积极，但是企业间的已经成为未来发展的大趋势，上、下游企业分别主导或是双方共同主导，甚至是以中间的运输企业为主导的企业间物联在未来都很有可能出现并得到发展。企业间的可以优化路径，既保证了供应，又保证了生产，最后形成双赢的局面。

2. 基于物联网及信息平台的内部系统优化

从物联网的角度看，钢铁企业的生产过程就是一个行业内部的物流过程，这其中也有物联网的问题。对生产过程中各个环节的追踪和优化安排，可以使得生产和销售衔接更为准确，而且对能源、原材料的消耗以及效率的提高都有很大的影响。物联网将不断推动钢铁行业的信息化与自动化进程，拓展企业的发展空间，并在应用当中不断完善和发展，继续推动行业的优化，逐渐将信息化渗透到行业流程的各个环节。例如，沙钢从炼铁到炼钢采用“一包到底”的技术，使得电炉钢吨钢冶炼电耗由改造前的 221kW · h 下降至 167. 7kW · h，降幅达 24. 12%，既减少了铁水热量消耗，又提高了效率。其中，“一包到底”工艺在铁水包运输的过程中省去了中间包和混铁炉等环节，但还需要对运输过程进行全程跟踪与调度，这就需要用物联网信息系统来解决。

第三节　钢铁企业制造与技术创新

国家“十二五”规划指出，我国仍处于并且长期处于社会主义初级阶段，发展仍是解决我国所有问题的关键，坚持发展是硬道理。并且提出了坚持把建设资源节约型、环境友好型社会作为加快转变经济发展方式的重要着力点。钢铁工业“十二五”发展规划也指出，我国粗钢需求量可能在“十二五”期间进入峰值弧顶区，最高峰可能出现在 2015 ~ 2020 年期间，峰值约 7. 7 ~ 8. 2 亿吨，此后峰值弧顶区仍将持续一个时期。由此可见，今后我国钢铁产量不可能再出现快速增长的局面，而淘汰落后和技术创新将成为钢铁行业发展的重点。

在这样的背景下，钢铁企业还存在很大的改进空间。“十二五”规划又提到了产业结构升级，其中钢铁工业的“十二五”规划中也对产品结构升级，发展新钢种、新材料，节能指标、环保指标等进行了详细的阐述和规定，这也是未来的发展方向。因此在上文中钢铁制造流程的基础上，从产品质量、生产成本、新技术研发、差异化发展四方面分析钢铁企业盈利结构的变化。

一、产品质量

（一）开发高质量、高性能的钢材产品

产品质量的提升主要是通过对产品结构的优化升级来实现的。也就是说推出新产品，保持已有标志性产品的优势，从而实现产品的多元化发展。

从板带比来看，中国的板材、带材、管材所占比重明显低于日本和美国，而长材的产量则占总产量的大部分；在钢材产品中，规格和档次高的产品比例较低，比如发达钢铁国家早已淘汰的二级螺纹钢在我国仍占有相当大的比重。产品结构趋同，技术含量低，附加值低，高技术含量、高附加值产品产量过小。产品结构演进的步伐不大，几种产品的比重多年来没太大变化，在产品结构高级化进程中，还要加快优化步伐，付出更多的努力。

中国钢铁企业主要是以国内市场为主且生产设备、工艺技术和产品同质化严重，对用户的服务才刚刚开始转变，也就是刚开始从产品的供应者转向了服务提供商，且拥有的钢材深加工企业不多，很少有企业参与用户需求的早期介入；同时，国内钢铁企业的分销网络范围有限、功能有限，对企业生产的支撑不够；企业自身技术和产品的开发能力不足，对外依存度较高；对生产原料资源，特别是铁矿石的掌控存在很大不足，也就是在最近几年铁矿石价格大幅攀升之后才开始投资海外，资源长远规划缺乏，

更注重产品产量的扩张；一些企业虽然有一定比例产品出口，但随着生产成本的高涨和人民币升值，海外市场竞争力下降，同时还经常受到国外的“双反”制裁，限制了出口，而且由于国内钢铁企业技术水平相对较低，出口的钢材更多的是低附加值的产品，例如，2010 年我国进口钢材均价为 1224.13 美元/吨，出口钢材均价 865.21 美元/吨（见表 3－7），进口钢材均价高于出口钢材 358.92 美元/吨。硅钢是我国国内自给率较低的品种，2005 年硅钢进口量与国内产量之比是 50.2%，2010 年这一数字降至 17.07%；从硅钢细分品种来看，非取向硅钢进出口价差已经比较接近，而取向硅钢的进口价格较高，取向硅钢在国内仍有一定的发展空间，但近年来在建和建成的电工钢项目产能已远远超过需求水平，将来竞争的关键在于高端产品研发和供应上。这说明在细分品种和质量水平上，我国出口钢材技术附加值低。我国的钢材特别是管材、型材和棒材中的合金钢、特殊钢品种，与国外的差距更为突出。中国应尽量鼓励钢铁工业发展高附加值产品，或者实现其规模化生产，以满足国内的需要。

目前在我国钢材市场上，部分特种钢材供求矛盾仍比较大，这些钢材附加值高，并且进出口的价差很大，一般进口价在出口价的 1.5 倍以上，在废钢、铁合金、电价仍保持上涨趋势的情况下，未来高附加值钢材产品价格有上涨的要求。延长钢铁产品产业链，促进钢铁产品的深加工，增加钢铁产品的附加值。

表 3－7　2010 年中国钢材进出口数量及价格

品　种	2010 年进口		2010 年出口		2010 年进出口单价差距 /美元 · t^{-1}
	累计数量 /kt	单价 /美元 · t^{-1}	累计数量 /kt	单价 /美元 · t^{-1}	
钢材	16429.1	1221.85	42446.8	863.37	358.48
棒线材	1129.4	1447.83	5185.5	729.55	718.28
角型材	418.9	875.16	1927.6	632.75	242.41
板材	13914.9	1064.69	24796.7	778.95	285.74

续表 3－7

品　种	2010 年进口		2010 年出口		2010 年进出口单价差距 /美元·t^{-1}
	累计数量 /kt	单价 /美元·t^{-1}	累计数量 /kt	单价 /美元·t^{-1}	
管材	479.5	3591.47	7307.7	1048.92	2542.56
铁道用材	237.7	1209.39	477.4	938.48	270.90
其他钢材	248.5	5018.30	2752.0	1532.03	3486.27
无缝管	251.5	4600.39	3806.4	1216.80	3383.58
热轧窄钢带	125.1	3017.68	424.9	806.72	2210.97
冷轧窄钢带	321.2	2823.69	278.8	1192.61	1631.08
焊管	221.0	2498.98	2694.0	905.45	1593.52
棒材	422.0	2005.14	2612.2	795.06	1210.07
中小型型钢	32.8	1875.60	395.8	720.09	1155.51
中板	921.8	1379.62	3231.0	700.97	678.65
特厚板	35.6	1311.77	316.4	671.58	640.19
线材	654.4	1142.50	2348.5	655.66	486.83
钢材	16429.1	1221.85	42446.8	863.37	358.48
中厚宽钢带	1203.7	981.86	6602.8	695.97	285.88
铁道用材	237.7	1209.39	477.4	938.48	270.90
电工钢板（带）	976.1	1359.14	155.9	1119.73	239.40
厚钢板	238.1	825.08	754.8	636.10	188.98
大型型钢	386.1	790.23	1531.8	610.18	180.05
热轧薄板	259.0	802.19	83.5	658.87	143.32
彩涂板（带）	400.7	1001.92	3050.7	865.07	136.85
镀层板（带）	4238.0	965.93	4901.3	832.76	133.17
冷轧薄宽带	3717.8	821.59	2352.3	691.19	130.40
热轧薄宽钢带	837.4	737.83	2132.2	627.56	110.27

续表 3－7

品　种	2010 年进口		2010 年出口		2010 年进出口单价差距 /美元・t^{-1}
	累计数量 /kt	单价 /美元・t^{-1}	累计数量 /kt	单价 /美元・t^{-1}	
钢筋	53.0	780.01	224.8	740.31	39.69
冷轧薄板	640.4	1767.71	512.2	2290.40	－522.69
取向硅钢	262.7	2490.12	12.2	2940.40	－450.27
宽度≥600mm	250.7	2496.27	10.8	2838.85	－342.57
宽度＜600mm	12.0	2361.50	1.4	3714.43	－1352.93
非取向硅钢	713.4	942.65	143.7	965.17	－22.51
宽度≥600mm	671.6	926.17	134.2	963.56	－37.39
宽度＜600mm	41.8	1207.45	9.5	988.02	219.43

（二）开发新钢铁材料

新材料涉及领域广泛，一般指新出现的具有优异性能和特殊功能的材料，或是传统材料改进后性能明显提高和产生新功能的材料，其范畴随着经济发展、科技进步、产业升级而不断发生变化。而钢铁新材料是指通过改变钢铁化学成分或生产工艺，改善组织结构，提高纯净度等措施，相比现有钢铁材料，具有优异性能的钢材品种，如具有更高的强度、韧性和耐高温、抗腐蚀等性能的钢材品种，见图 3－3、图 3－4。

根据《国务院关于加快培育和发展战略性新兴产业的决定》，现阶段我国战略性新兴产业将重点培育和发展节能环保、新一代信息技术、生物、高端装备制造、新能源、新材料、新能源汽车等七大产业，战略新兴产业发展离不开钢铁新材料的支撑。在七大战略新兴产业中，高端装备制造、新能源、新能源汽车等均与钢铁新材料的发展密切相关，特别是高端装备制造业，对钢铁新材料的要求具有质量高、规模大、涉及领域广的特点。

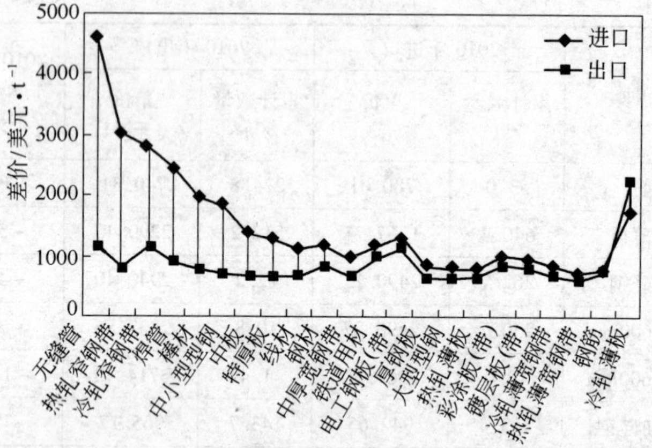

图 3-3　2010 年我国钢材分品种进出口差价

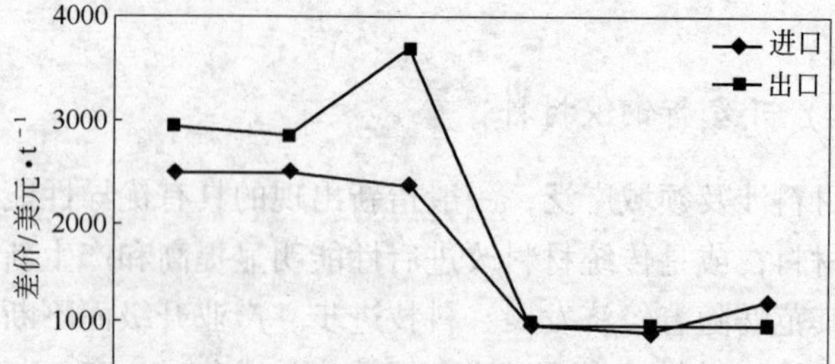

图 3-4　2010 年我国硅钢分品种进出口差价

根据国家“十二五”规划，培育发展战略性新兴产业是我国工业经济转型升级，提高企业核心竞争力的重点，为其服务的新材料要超前或同步发展，做到不同程度地适应各产业的发展。战略新兴产业的新能源、节能和新能源汽车、高端装备制造、新一代信息技术、节能环保和生物产业均涉及以钢铁新材料为主的各种金属新材料，战略新兴产业使用新材料见表 3-8。

表 3-8 战略新兴产业使用新材料情况

<table>
<tr><th rowspan="2" colspan="2">产业分类</th><th colspan="4">新能源</th><th colspan="5">高端装备制造</th></tr>
<tr><th>光伏发电</th><th>节能环保</th><th>新能源汽车</th><th>新材料</th><th>航空航天</th><th>轨道交通</th><th>高端传统装备制造</th><th>海洋工程</th><th>生物产业</th></tr>
<tr><td rowspan="5">新材料品种</td><td>长材</td><td></td><td rowspan="5">各种耐蚀、耐高温、烟气脱各种污染物用特种材料</td><td rowspan="4">各类新能源汽车（纯电动汽车、燃料电池、插电式电动汽车等）所需新增或改进的金属材料</td><td rowspan="5">特种金属功能材料和高端金属结构材料等</td><td></td><td>各类高性能轴承钢</td><td></td><td></td><td>医用金属材料等</td></tr>
<tr><td>板材</td><td></td><td></td><td></td><td>超高强度、高耐磨性、特种性能钢</td><td>油船耐腐蚀合金钢板</td><td></td></tr>
<tr><td>管材</td><td></td><td></td><td></td><td></td><td></td><td></td></tr>
<tr><td>特种合金</td><td></td><td rowspan="2">高温合金及高性能钛合金模锻件</td><td></td><td></td><td></td><td></td></tr>
<tr><td>特种材料</td><td>稀土永磁材料</td><td></td><td></td><td></td><td></td><td></td></tr>
</table>

世界钢铁强国的竞争力主要体现在已形成钢铁新材料基础性前瞻性研究、生产技术储备、应用创新研究、引导市场消费的完整体系，始终走在引领世界钢铁新材料发展的前沿。与之相比，我国钢铁行业一直处于仅仅满足当前用户需求的局面。因此，我国钢铁工业由大转强，需要特别重视钢铁新材料产业的发展。

二、生产成本

在钢铁产品日趋同质化的激烈竞争态势下，获得成本优势也是钢铁企业至关重要的一环。随着钢铁工业面临的经营环境的变化，传统意义中的原材料成本、人工成本、能源和还原剂成本改变等都有明显的上升趋势，另外随着对环境保护的重视，环境保护成本也将成为钢铁企业成本的重要组成部分。在此首先分析中国钢铁工业的成本水平，然后对生产成本构成进行了对比分析，分析了中国钢铁工业生产成本同世界水平的差距，最后对成本管理方法进行了展望。

（一）国内外钢材生产成本分析

在此，主要以2010年第四季度生产成本数据为基础分析国内外钢铁成本差距，图3－5所示为2010年度第四季度各地区生铁成本，可以看出，中国的生铁成本最高，这主要源于中国生铁生产过程中能源消耗较大，而近年能源成本逐年提高，这也为钢铁工业生产带来了很大的成本压力。

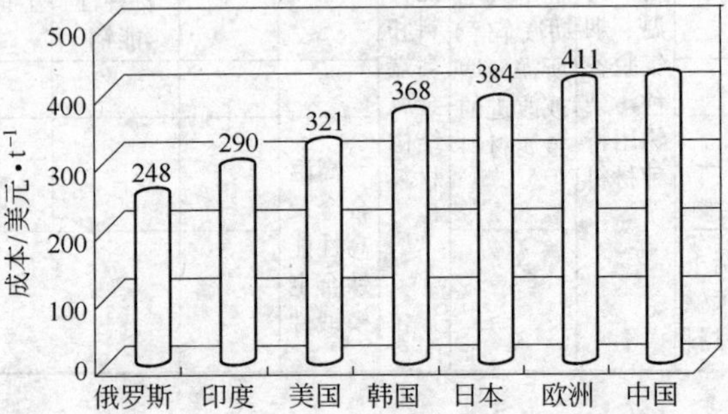

图3－5　2010年度第四季度各地区生铁成本比较

图3－6和图3－7所示分别是第四季度各地区热轧卷和冷轧卷成本比较，可以看出中国的冷轧热轧产品都处于世界的中间水平。这主要受到以下几方面的影响：（1）我国生铁成本较高，分摊至冷轧、热轧钢材，必然会导致其价格偏高；（2）我国在同类产品竞争中低档产品较多，深加工程度不高，会导致成本偏低；（3）在钢材加工过程中，人工成本体现的较为明显，而我国在人工成本方面略有优势。但是随着经济的发展，中国的低成本人工优势正在逐步减弱甚至消失。

（二）成本构成要素分析

图3－6以2010年第四季度热轧卷成本构成并同国外水平进

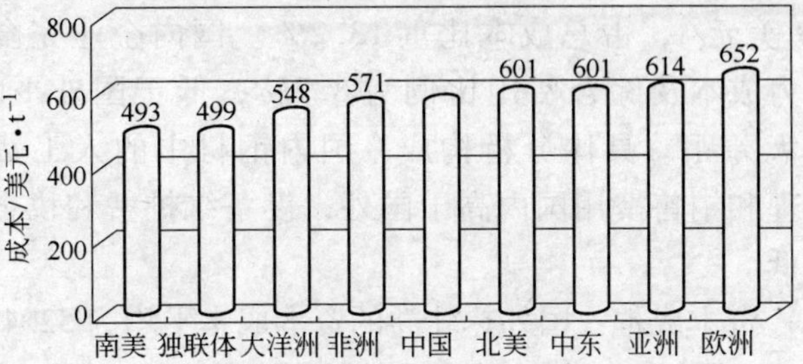

图 3－6　2010 年度第四季度各地区热轧卷成本比较

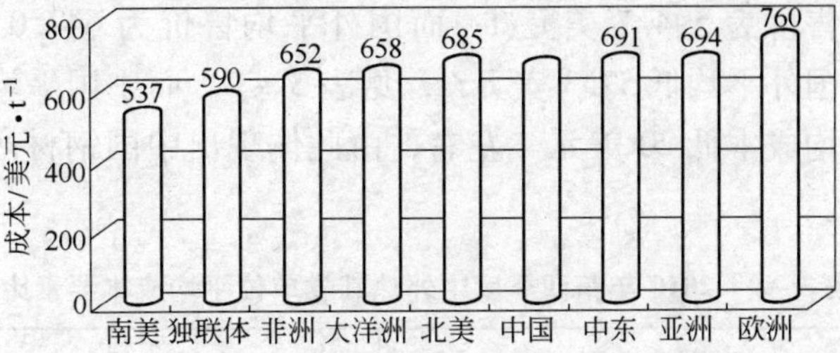

图 3－7　2010 年度第四季度各地区冷轧卷成本比较

行了比较，从图 3－6 中可以看出，第四季度中国热轧卷成本为 580 美元/t 左右，国外企业平均水平为 604 美元/t，略高于国内大型企业平均值。下边按成本构成要素进行分析。

（1）原材料成本：2010 年第四季度，国外热轧卷中的原料平均成本为 326.0 美元/t，占总成本的 54.0%；中国钢铁企业平均成本总成本的 53.2%，比国外企业低 0.8 个百分点，说明国内的原材料略低于国外。

（2）能源及还原剂成本：国外热轧卷中的能源及还原剂平均成本为 145.7 美元/t，占总成本的 24.1%；而国内企业能源及还原剂占总成本的比重为 31.4%，中国钢铁企业的能源及还原剂成本要高于国外，这也与中国钢铁工业的流程结构有关。

（3）人力及综合费：国外热轧卷人力及综合费用平均成本为79.9美元/t，占总成本比重13.2%。国内企业完全成本分摊的人力成本及综合费用比例为8.7%，低于国外平均水平，且有较大差距。具体分析构成，国内钢材中的人工费比国外低，管理和销售费用国内高于国外；设备维护费和税金国内也比国外低。

（4）资本成本：国外热轧卷的资本成本平均为52.4美元/t，国内企业平均低于国外。其中国外的利息费用明显高于我国企业的平均水平。

2010年第四季度，中国23个主要钢材市场（不含税）热轧卷平均售价为594.7美元/t；而国外平均售价为647.0美元/t，国内比国外平均低52.3美元/t，见表3-9。而中国平均成本比国外平均成本低20美元/t左右，由此体现出中国钢材产品附加值较低。

表3-9　2010年第四季度中外热轧卷单位平均成本要素比较

热轧卷	中国大中型企业平均比例/%	国外企业平均/美元	国外企业平均/%
原材料	53.2	326.0	54.0
能源及还原剂	31.4	145.7	24.1
人力及综合费	8.7	79.9	13.2
人工费	2.8	38.4	6.4
管理和销售费用	3.6	10.5	1.7
设备维护及税金	2.3	31.0	5.1
运营成本	93.3	551.6	91.3
资金成本	6.7	52.4	8.7
钢材中的折旧	5.1	20.7	3.4
钢材中利息	1.5	31.7	5.3
完全成本	100	604.0	100

结合我国工业化、城镇化的进程以及钢铁工业“十二五”规划的研究结果，未来10～20年中，我国钢铁产量将由缓慢增长向顶峰过渡；而2020年以后我国废钢回收量可能呈现快速增长的趋势，而全球铁矿石资源供给能力应该不成问题。由此认为，原材料价格不会出现快速上涨的局面；而随着高炉大型化的发展，以及产量的增长，全球焦煤资源可能成为钢铁企业发展的软肋。人工费上升也导致人力成本在钢材生产中的比重进一步提高。因此，展望未来，非焦煤炼铁技术的进步、劳动生产率的提高、高效的管理是钢铁企业发展的关键所在。

（三）成本管理现状与展望

以往钢铁企业重点关注生产环节，即产品形成过程中的成本控制，而没有关注采购以及产品的质量控制和固定资产维修等环节的成本控制，而现阶段，企业成本管理的触角已经延伸到采购、质量控制以及工程项目管理等多个领域。

从技术控制方面，现阶段钢铁企业的成本管理主要是通过技术改造，提高设备的技术档次，提高单位时间的产品产量，降低原材料消耗等措施，用科技手段大幅度降低产品的变动成本和固定成本。从质量控制方面，主要是通过减少料废、工废损失，降低质量事故损失等来降低质量成本。同时，提高管理水平，加大管理力度，控制不必要的开支，相对降低了产品的固定成本。

但与此同时，成本管理在原料采购、物流管理等方面仍存在问题，企业成本管理范畴狭窄，而且缺乏战略成本管理理念。针对这些情况，想要获取成本优势还要有以下两方面作为基础：

（1）从成本分析着手，全方位扩展成本管理的领域。全面成本管理是对企业生产经营所有过程中发生的全部成本、成本形成中的全过程、企业内所有员工参与的成本控制。它涉及采购、生产、销售、售后的钢铁企业中的各个流程和阶段，还要在整个企业的角度上把握各个阶段的协调统一系统，以达到总的生产成本最小化。

（2）从技术经济指标潜力分析入手，用信息化的手段进行成本管理。成本管理模块是信息管理系统的重要模块，是企业信息的最大集合地，信息系统中的产品数据、计划数据、物流数据、工艺数据等众多的数据流最终将汇集到成本管理模块，由此而得出企业的成本、利润等高端的信息，为企业经营管理决策提供简练而重要的数据支撑。

三、技术研发

未来的钢铁企业大致有以下几种：技术领先，引领技术发展潮流的钢厂；大量生产国际水平一流产品的钢厂；生产满足市场需求大宗产品的钢厂和落后的钢厂。技术研发是钢铁企业生存和发展的重要因素，特别是在我国钢铁行业由供不应求转向供过于求的大环境下，技术先进、产品一流的企业无一具有较强的竞争能力，而后两类企业将面临淘汰的危机。钢铁工业发展的拉动力、推动力和限制力如图 3－8 所示。

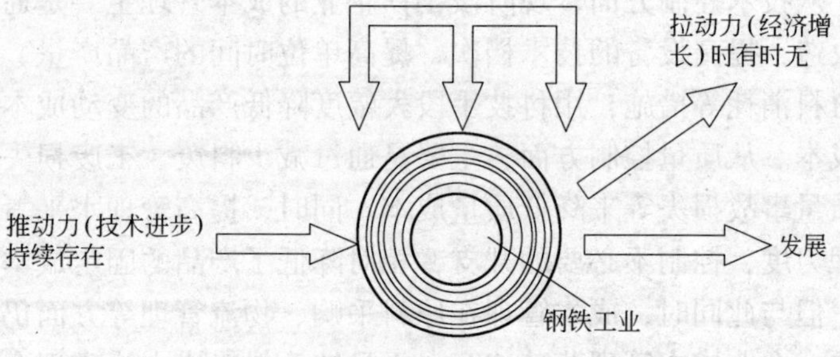

图 3－8　钢铁工业发展的拉动力、推动力和限制力

（一）建立完善的研发体系

技术研发应该由两部分组成，一部分是“软”的组织体系，一部分是“硬”的实体研究。这好比生产力与生产关系的关系，二者是不断融合发展的，只有相互协调时才能达到最好的效果。某些时期生产关系可能成为生产力发展的障碍，研究也一样。

国外先进钢铁企业之所以可以不断发展、适应世界经济、产业潮流的发展，并取得成功，首先就是这些企业不断实施创新，包括观念创新、体制创新、管理创新等。国外企业首先摒弃了家族式的企业经营模式，采取上市模式，建立了适应世界经济发展的现代企业制度，如董事会制度；在企业管理上不断提出和应用新的适合发展的管理制度，如浦项钢铁公司在系统革新成功推进的基础上引进了6σ管理，不但在稳定公司生产经营流程和提高产品质量上起到积极作用，还促进了公司工作方式的革新。

浦项在1968年公司创立之初，就设立了专门的研发机构：技术研究实验室，将技术开发与各个阶段的设备改造工作同步推进，经过40多年的努力目前已形成了较为完备的技术创新体系。构成浦项创新体系的研发机构分内部机构和外部机构，内部机构主要是浦项技术研究中心，外部机构主要有浦项工业科学技术研究院（RIST）和浦项科技大学（POSTECH）。创建于2000年的浦项技术研究中心是浦项公司的研发核心，该中心直接隶属于浦项公司领导，浦项的大部分科研经费每年都投入于此。浦项以技术研究中心、RIST和POSTECH为依托，以追求技术原创为理念，以长期保持技术世界领先水平为目标，以EVI活动为载体，构建了产学研相结合的研发体系。在研发方向上，一方面加大有别于传统工艺的创新型钢铁生产工艺技术以及更高级别高端产品的开发力度，适时转化为现实生产力以取得成效；另一方面积极从事未来30~50年后下一代钢铁生产新技术和新产品的开发工作，首先开展前瞻性和基础性研究，待经过理论论证后投入试验研究。除上述研发机构之外，浦项还在仁川松岛经济开发区建设全球研发中心，要将其打造成增强浦项未来技术竞争力的研发基地，该工程已于2010年11月完工。来自浦项技术研究中心RIST和POSTECH的530余名技术研究人员将常驻于此。该中心将主要从事产品应用技术开发结构用钢开发、焊接技术开发、智能型自动控制技术开发、通用技术开发、有色材料开发、可再生新能源开发、纳米与生物技术开发等 8 个领域的研发工作。

在此基础上，浦项更加注重与奥钢联等国外优秀研发实体建立广泛而紧密的技术协作关系，共同推进创新技术和产品的开发，并共同申报专利。2007 年 4 月份投产的 FINEX 工艺就是由浦项和奥钢联合作开发成功的，双辊薄带铸轧工艺也已经试验成功，并在 2010 年年内投入工业化生产。由此，浦项建立起了一套较为完备的技术创新体系，并应运而生一大批技术创新成果和专有技术，平均每年公开的专利技术达到上千件以上。

我国钢铁行业在研发体系建设方面还有很长的路要走，能够紧跟世界前沿的研究寥寥可数，而前瞻性工艺和技术研发更少。未来我国钢铁企业的研发将着眼于产学研体系建设、企业间的合作创新体系以及企业内部相关部门的协调创新体系的完善是今后钢铁企业研发体系建设的方向。

钢铁行业相关的技术研究主要集中于流程改进、流程创新、产品创新等方面。

科技创新是企业提升核心竞争力的源泉。国外的大公司特别是跨国公司都是靠科技创新提高自己的核心竞争力，靠核心竞争力塑造知名品牌，靠知名品牌提升竞争优势的。因此，要培育企业的核心竞争力，就要增强企业科技创新能力，在科技创新上下工夫。

（二）工艺创新

生产制造企业的工艺创新是指研究和采用新的或有重大改进的生产方法，这些方法包括设备和生产工序方面的变化。通过工艺创新，可以生产现行生产方法无法生产的新的或改进的产品，也可以用于提高已有产品的生产效率，降低产品的生产成本。

资源与环境的约束越来越强，钢铁工业的发展受到了严重的限制，因此越来越多的研究集中于用于节约能源、减少资源浪费的工艺改进的方面。

欧洲钢铁联盟（Eurofer）许诺了温室气体减排目标，同时由安赛乐·米塔尔公司领导对“超低二氧化碳排放（ULCOS）”项目。15 个欧盟国家和 48 家欧盟企业及相关机构的支持，共同参与合作研究和开发突破性技术，以大幅减少钢铁生产过程中 CO_2 的排放。包括高炉炉顶煤气循环利用，Corex 熔融还原，Finex 熔融还原，Hisarna 熔融还原，电解铁矿石技术和碱性水电解技术等开创性技术。

日本铁钢联盟正在积极开发最先进的技术，主要是从高炉排放的气体中回收二氧化碳及用氢气代替焦炭。日本新能源·产业技术综合开发机构（NEDO）委托神户制钢、JFE、新日铁、新日铁工程公司、住友金属、日新制钢 6 家公司共同开展的“环境友好型炼铁技术开发”项目，主要包括从高炉煤气中高效分离 CO_2 的技术和氢还原技术。

JFE 经过近年的发展，其研发方向更加明确，即为了应对钢铁原料成本上涨，未来研发重点将向生产工艺技术倾斜。由于市场长期不景气导致设备投资的减少，使 JFE 近 15 年来的生产工艺技术开发步伐放慢，但是由于生产技术是竞争力的源泉，因此 JFE 认为企业未来的研发重点应回到原点，即重视生产技术的开发。

JFE 认为重视生产技术的原因有两点：第一，为了应对铁矿石与煤炭价格高涨的问题，企业必然需要扩大使用原来不使用的廉价原料；第二，随着《京都议定书》的生效以及未来低碳社会的发展，企业必须寻求能够减少二氧化碳排放量的生产工艺。而随着生产水平的提高，二氧化碳排放量也会增加，所以必须重新认识减排工艺开发的重要性。因此，JFE 将改变以前为了开拓市场需求以新产品开发为重点的研发方向，今后将把高炉、炼钢、轧制工序等生产工艺技术开发放在首位。

安赛乐·米塔尔公司的工艺研发注重以下两方面：（1）通过提高生产流程的生产率和可靠性降低成本；（2）通过减少排放提高环境性能，通过产品回收利用、节约能源、灵活利用原材料和能源资源提高产量，系统地研究产品和工艺在生命周期内对环境的影响。

未来全世界将对环境和生态越来越更加重视，低碳、环保将是企业和行业生存的基本条件，钢铁工业只有不断降低对环境的破坏和污染，不断降低能源的消耗水平。从长远来看，钢铁工业工艺创新和革命性工艺的创新更加重要。

（三）产品创新

随着全球钢铁行业的竞争加剧，各大钢厂在新技术和新产品的开发上不惜投入重金，加强技术储备，以提高竞争力。

新日铁成功研发了新型含锡不锈钢材料。日本新日铁住金不锈钢公司（NSSC）宣布成功开发出含锡低间隙铁素体不锈钢，命名为FW系列钢材，NSSC也成为全球首家研发出这种钢材的公司。FW系列钢材是NSSC利用自有技术，通过在制造过程中加入微量锡元素来提高铁素体不锈钢的抗腐蚀性，同时钢材的可加工性也得到了改善。

日本研究超级钢铁以告别铁矿石。日本开发出强度为目前钢铁的2倍，寿命也为当今钢材2倍的超级钢铁。“超级钢铁”研究的一个重点在于废钢铁的再利用，目标是让以废铁为原料加工成的钢铁与从铁矿石加工的成铁拥有同等甚至更高的质量，而且价廉。所有的废铁都有可能被制造成“超级钢铁”，这意味着日本将不需要铁矿石了。预计最快30年后，将是“超级钢铁”的时代。如果产业界有需求，日本国内所有的废钢铁都有可能被制造成“超级钢铁”，这将是钢铁产业的一个新模式。

蒂森·克虏伯给汽车配件生产带来新突破。德国蒂森·克虏伯欧洲公司开发成功回火控制工艺，并获得专利，此种工艺可以应用于汽车生产，这种处理方法可以使汽车零部件减重高达30%。根据这种工艺生产出来的零部件强度可高达1500MPa，明显高于冷冲压钢材的强度。同时，蒂森·克虏伯的专利技术可以在一个配件的内部形成不同的强度和延展性。

俄罗斯马格尼托哥尔斯克钢铁公司（俄马钢）向海外推广

其新型汽车板材。俄马钢目前正加紧向国外汽车和零件制造商推广其新型钢材。俄马钢已按照欧洲标准批量生产了热轧板（型号：S335MC、标准：DINEN10149 - 2：1995），冷轧板（型号：HC340LA、标准：DINEN10268：2006），镀锌板（型号：HX300LAD 和 HX340LAD、标准：DINEN10292：2007）等 3 个品种的高强度板材，并将样品发给了大众、雷诺、本特勒等国外汽车和零件厂商，及俄罗斯国内车厂伏尔加汽车公司和钢材分销商 DiPOS 公司，以供上述公司对产品进行测试。

韩国开发出超高强度螺纹钢。韩国浦项同众多国内机构共同研发成功世界上强度最高的超高张力螺纹钢和桥梁用电缆钢线。这次开发的产品包括屈服值达 600MPa 的抗震螺纹钢，可抵抗时速 250km 以上的强风，且强度比一般螺纹钢大 30%，适合用于超高层建筑。桥梁用电缆钢线强度比一般商品高 10%以上。

国外钢铁企业将研发提高到了战略层次，而不仅限于小范围的技术创新，开发的大都是前沿技术和产品，目的是期望未来可以在世界钢铁市场上居于主导地位。具体如，浦项著名的 FINEX 技术、API 管线钢批量生产技术、无铬钢板、新一代涂镀工艺等；新日铁的新一代钢板加速冷却法、住友金属的 X100 和 X120 超高强度大直径焊接钢管、JFE 的高炉中废塑料再资源化技术等；德国蒂森·克虏伯的激光焊接技术、汽车用高强钢等；巴西矿冶公司（CBMM）积极推广使用的“汽车用铌微合金化薄钢板”，欧美国家一流的电炉钢生产技术等。进一步增强技术研发能力是我国钢铁工业在由大变强的必经途径，我国企业不可能寄希望于国外钢铁企业将最先进的技术转让给我们，只有通过不断地创新才是发展的硬道理。

（四）流程改造

如果没有 20 世纪 50 年代的氧气转炉替代平炉，60 年代连续铸钢替代模铸和初轧开坯就不可能出现钢铁工业的第一次高速增长。如果没有这些技术在发展中国家和新兴工业国家的推广以及工艺流程的大型化、连续化、自动化等一系列的技术创新，就不可能有今天的钢铁工业的第二次高速增长。由此可见，冶金工艺流程的技术创新是钢铁技术进步的主流。

工艺流程的技术创新表现在3个方面：

（1）功能的集成。例如：钢水铸锭+初轧开坯连铸，连铸+热连轧机的初轧工序薄板坯连铸，薄板坯连铸+热轧精轧薄带连铸；通过功能的集成能够达到流程的集约化、节能、降耗、提高收得率，提高效率的目的。

（2）功能的分解。例如：转炉炼钢铁水处理，脱［S］，脱［P］；炉外精炼，成分精确控制；通过功能的分解使得工艺流程进一步符合物理化学原理，能够提高效率、提高质量、节能降耗。

（3）工序功能匹配的合理化和优化。界面技术优化、工序界面匹配优化、能力匹配优化、节奏匹配优化；连铸坯的热送、热装、直接轧制；高炉铁水运送炼钢的方式；连铸机与热轧机的布置；一次热轧机与深加工轧机的配置；炼钢与连铸机、精炼装置的配置。通过优化能够提高企业效率、提高产品质量和节能降耗使得生产流程节约化。

日本研究开发新型煤基炼铁工艺；中国展开了许多研究，主要集中于完善新一代炼钢工艺流程、中国厚板坯高效连铸连轧CESP工艺技术、宝钢极低碳IF钢的炼钢工艺开发、冷热兼容平整技术的创新；欧洲则致力于电炉炼钢的解决方案、短流程技术——新一代长材生产技术、Tenova探索电炉炼钢节能新途径、IEAF智能电弧炉设计及技术、达涅利厚板坯连铸新技术。

对钢铁工业现有流程进行技术改进、技术创新，整个生产流程的优化对于提高产品质量，降低产品成本有着极为重要的作用。近年来，各国钢铁工业都开展此方面的研究，并将大量成果应用于实际生产中，取得了良好的经济效益。

四、差异化发展

差异化的经济学意义是制造稀缺，是企业在供求平衡或供大于求的市场结构中制造某一方面或经营过程中某一环节有别于竞争对手的稀缺，即“局部的供不应求”，从而使自己的企业具有较强的差异化能力，或者说是差异化能力使某一个企业在竞争的较量中脱颖而出。

2010 年中国钢铁粗钢产量达到 6.2665 亿吨，而钢铁行业的销售收入利润率从 2004 年的 8.11%一路下滑到 3.14%，处于我国工业领域最低水平。这主要是因为中国钢铁工业产品同质化竞争严重，产业链与利润点相似。就差异化战略而言，钢铁企业应该综合考虑产品结构、质量、服务、产业链等差异。

中国钢铁工业可以从以下几方面实现差异化战略。

（一）产品差异化

前些年，中国钢铁工业一直致力于提高板管比，大型钢铁企业盲目追求高附加值、追求精品化的发展战略，大力发展板材，而导致产品类型相似，板材产能过剩，竞争优势也不明显，大型钢铁企业利润率下降，而一些生产所谓低端钢材的小型钢铁企业盈利效果较好。

钢铁企业要根据自身发展情况，结合市场的需求结构，选择合适的产品结构，走差异化发展之路。

（二）质量差异化

产品质量是竞争力的基础，也是品牌发展的基础。高附加值产品要在“不易复制”上下工夫，用技术差异营造核心竞争力。并非只有板材才是高端产品，而长材和管带材都是低端产品，实现质量差异化是在同类钢材产品提高质量，满足更高层次的需要。另外，根据下游产业发展趋势或者结构对产品进行专门的改进以满足客户特殊需求同样是实现差异化的有效途径。还以螺纹钢为例，2010年钢筋总产量中400MPa及以上高强钢筋产量所占的比重达到37%左右，若Ⅲ级及以上钢筋消费比重再增加30%～50%，至少可以节约钢材10Mt。日本作为地震多发国家，其相同级别地震对同类建筑造成的破坏要远远低于我国，其过硬的钢材产品质量是主要因素。未来能够提供更高级别钢筋的、性价比更好的企业将具备更强的市场竞争力，这是钢铁产品发展的方向。

(三) 服务差异化

服务差异化主要体现在附加价值的竞争。大多数情况下，钢铁企业出售产品时所提供的相关服务会影响到它们的价值。

由于服务具有无形性、不可分离性、可变性、易消失性等特点，服务的特点对营销及服务差异化有重要影响。通过为客户提供解决方案，用服务差异提高服务竞争力，完成从材料供应商向综合服务商的转变。例如首钢中厚板厂生产的锅炉板，在出厂前就直接提供探伤服务，而其他钢厂则没有。

浦项为了更好地服务于汽车制造商，已制定了先进的EVI战略。浦项的EVI战略不仅包括加工及原型制造阶段的支持活动，而且还包括零件制造和装配。主要由以下4个部分组成：CE（并行工程）与SE（同步工程）；VA（价值分析）与VE（价值工程）；VI（价值创新）；PP（部分提案）。CE与SE表示浦项的工作流程实现了与客户并行的过程，为了与汽车制造商建立双赢的战略，浦项从设计到批量生产的每一个阶段都提供最佳的用钢方案；VA与VE表示浦项从成本角度提出了最适合的材料，包括降级、减薄、物流、包装等，使客户能够获得最佳的材料信息，从而减轻质量、节约成本及改善性能；VI表示通过减少或消除不必要的费用来节省资金，以增强客户的竞争力；PP表示浦项客户支持技术，包括新的设计概念、原型和制造，此项活动需要非常先进的技术，如拼焊技术、液压和热压成型技术。

当前国内部分先进钢铁企业已由生产型向服务型转变，在钢铁供过于求的情形下，客户是企业生存的保障，服务差异化正是企业紧跟客户的有效方式，也是未来钢铁企业制定决策必须考虑的因素。

（四）产业链差异化

随着经济全球化、信息化、知识化的迅猛发展，钢铁的竞争空间与范围空前扩大，竞争层次与强度日趋提升。在竞争要素上，已从市场、资金、技术、人才的竞争转变为产业链的竞争。在竞争方式上，从片面的市场竞争向市场竞合转变。

未来钢铁企业之间的竞争，不是单个企业在一定时间、一定空间，为争夺某些终端、某些顾客的一对一的竞争，甚至主要也不是为了争夺市场的占有率和覆盖率的竞争，而是注重资源来源、产品开发设计、生产制造、配送与分销、销售与服务的跨时空的竞争，这种全方位的竞争将使合作的重要性变得比以往任何时期都更加突出，从而在更高层次上使竞争与合作密不可分，形成良性的竞争格局。

正是这种全方位的竞争与合作的市场格局，钢铁企业也要加快完善自身的产业链，实现产业链的差异化战略也使企业获得竞争优势。

第四节　钢铁企业的快速响应能力

快速响应，原是制造业中的准时制，它确定了制造商、批发商和零售商的供应时间，从而使得库存水平最小化。快速响应的目的是减少原材料到销售点的时间和整个供应链上的库存，最大限度地提高供应链管理的运作效率。快速响应现已应用到商业的各个领域，企业快速响应时间越短，越能适应环境带来的各种不确定性，有效的调配企业内资源，整合企业间的沟通合作，越能有效满足顾客需求，从而给企业带来更大的利润。

由于近几年钢铁产能的大幅度增加，钢材产品供大于求，钢材市场的竞争也日趋激烈，中国钢铁工业钢材产品主要以中低档钢材为主，同质化竞争激烈；客户需求又趋向个性化和多样化，市场环境变化速度加快，近年来钢铁工业的发展又受到资源和能源的限制。企业为了使自己的产品在激烈的市场竞争中占有一席之地，就必须与时俱进，积极对各个方面快速响应，提高钢铁企业竞争力。

一、对市场变化的快速响应

在高度竞争的环境下，企业必须不断满足市场需求变化，提供更加优质的产品和服务。所以，应对市场需求变化的能力，是体现企业生存价值和发展能力的重要标志。随着需求不断升级，客观上要求企业的产品和服务必须不断优化升级。

快速响应机制是供应链中节点企业基于时间这个重要参考变量，采用不同的改进方法以期减少响应时间来达到提升供应链效率要求的措施。快速响应要求供应链具有良好的反应能力和风险管理，实施供应链管理中以短时间和低成本满足顾客的高要求和多变化。供应链节点企业需要不断提高灵活性和缩短时间周期，为顾客提供在质量、数量和种类都有保证的产品和服务。为不断获得时间上的竞争优势，和进一步取得市场份额和利润，企业应努力改善供应链响应能力。

韩国浦项钢铁是世界盈利水平靠前的钢铁企业。起初浦项钢铁旗下的浦项钢铁厂和光阳钢铁厂都实现了一体化的钢铁制造，显著节省了运输的时间和运输的费用，直接的效果是一方面生产的速度加快，一方面也产生了规模效应，获得了利润率的最大化。但随着市场的变化，这个模式也产生了问题，以往浦项钢铁主要是欧美的客户，而随着亚洲客户的需求量大增，同时许多国家为了保护国内的钢铁业，不愿意进口外国生产的钢铁产品。这些变化促使浦项钢铁由一体化向分离式转变。浦项钢铁首先组建合资企业，与印度、巴西和澳大利亚的铁矿石供应商建立战略联盟，接着计划在巴西建立粗钢工厂，在泰国建立冷轧厂生产汽车钢板，在中国建立汽车用冷轧厂，在印度建立生产电工钢片的制造厂，目标紧跟产品的销售市场。

随着信息化的广泛应用，外部环境变化的越来越快，对响应速度的要求也越来越高，在对市场的快速响应的过程中，关键在于两个因素：（1）快速识别市场变化的能力；（2）根据市场变化，在柔性供应链的基础上迅速变革。

（一）积极预测和识别市场的变化

市场的变化会给企业带来很大的风险，表现为由于市场需求的急剧变化而使企业产品失去销售方向，或者表现为由于市场价格的大幅下跌，而使企业丧失市场机会、蒙受降价损失。

根据经营决策需要，一般需要关注的市场信息包括 3 个方面：（1）宏观的市场形势和市场需求的发展变化。市场的宏观变化会影响和决定市场供求关系的中长期变化和市场价格的总体走势。（2）直接用户、下游用户和行业的需求变化。直接用户和下游用户需求的变化，将会对订单、合同产生直接的影响。（3）关注经销环节的变化。

通过关注、研究市场，提前对市场的发展变化作出预测，研究制定应对措施，及时作出正确的经营决策，能够较好地规避市场发展变化所带来的经营风险。

（二）柔性的供应链与提高应对市场变化的能力

供应链柔性指供应链对顾客需求做出反映的能力。简单的理解供应链的柔性是指快速而经济地处理企业生产经营活动中环境或由环境引起的不确定性的能力。一般认为供应链应该具有如下三种柔性：产品柔性、时间柔性和数量柔性。其中产品柔性是指供应链在一定时间内引进新产品的能力，时间柔性是指供应链响应顾客需求的速度，数量柔性是指供应链对顾客需求数量变化的能力。

加强钢铁企业的柔性供应链来应对市场变化时，主要从以下几个方面开展：

(1) 建立最终顾客需求牵引的“牵引式”供应链系统。以制造商为核心的“推动式”供应链系统对于最终顾客需求变化的响应能力差，最终会导致库存逐级放大的“牛鞭效应”。建立“牵引式”供应链系统的难度较大，不但要求供应链上的企业之间就这一整体目标形成共识，而且要求最终顾客需求及其变化的信息能在整个供应链中传递和共享。当然，供应链上的信息共享一方面要求有效的信息系统，而更为重要的是供应链企业之间的信任关系和信息沟通机制。

(2) 在供应链成员之间建立整合、高效的信息系统。在整个供应链中，信息的传递、反馈和共享都需要有效的信息系统来支持。要满足构建柔性供应链的需要，不但需要每个供应链成员建立高效的企业信息系统，而且要求这些供应链不同环节的信息系统之间能实现有效的整合，从而为整个供应链内信息处理和供应链成员之间的信息共享提供支持。

(3) 利用模块化的产品设计来推动供应链的柔性化。模块化是指通过每个可以独立设计的，并且能够发挥整体作用的更小的子系统来构筑复杂的产品或业务流程。在供应链中引入模块化的产品设计，可以尽可能地延迟产品差异化，尽可能在最接近最终顾客的环节形成产品差异化，这样就可以实现大规模定制化要求的定制化、低成本和低库存的要求。

二、对客户需求的快速响应

从20世纪90年代以来，我国钢铁企业的营销经历了3个阶段：第一阶段，生产导向阶段，由于钢材供应能力不足，企业重点在于装备的改进和工艺技术的提升，实行以产定销的销售模式；第二阶段，产品导向阶段，随着供给能力的提高，部分先进企业开始通过产品的差异化来提升盈利能力，营销引起越来越多的关注，产销结合是这一阶段的特征；第三阶段，市场导向阶段，激烈的市场竞争使得企业营销理念发生根本性转变，许多企业重建营销系统，加强市场研究，通过多种营销手段的组合来建立以客户为中心的销售理念，以销定产是市场导向阶段最明显的特征。

从近年来钢铁企业的市场营销活动来看，发展直供、建立战略联盟以改进供应链效率，开发产销资讯系统，以信息化提升企业管理能力，发展电子商务和发展钢材配送加工和物流体系等成为热门话题，即表现出同层次间企业在横向上的以强化客户关系管理，有效满足用户需求，提高用户满意度为主要特征的服务竞争，例如武钢、宝钢等企业与下游行业—汽车、石油化工建立战略伙伴关系。

在未来几十年里，随着全球化和信息化的进一步发展，钢铁企业的经营管理也必将随之而发生变化，与此同时，行业的竞争态势也将有许多新的内容。未来国内钢铁企业的营销管理将有以下几种发展趋势：

（1）钢铁企业间的重组和并购将导致超大型、跨区域的企业的出现，要求企业更好地利用信息技术和新的营销管理方式来发挥规模效应，降低管理成本。

（2）国内外钢铁市场将联系得更为紧密，中国钢铁企业将更多地参与到国际市场和全球化竞争中来。

（3）国内钢铁企业之间的竞争将更为激烈，由产品和服务的竞争进一步转变为顾客的竞争，客户关系管理（CRM）将引起企业更进一步的重视和应用。钢铁企业将进一步利用网络技术来改进营销管理模式，不仅仅满足于通过网络平台发布信息和提供基础的客户支持服务，将会充分的改造流程和调整机构，创建新的业务流程和新的商业模式以提高企业经营水平。

（一）提高销售物流效率

钢铁企业产品销售物流是指钢材成品从准发出厂到最终用户的实体流通过程，包括产品在时间、空间上的转移以及在此过程中形成的增值服务，主要涉及运输、仓储、加工配送等物流作业环节。

根据钢铁产品自身属性及钢铁市场营销环境，钢铁企业产品销售物流具有以下特点：（1）钢铁企业一般有着较大的销售半径，销售区域呈散状分布。由于某区域产品会在短时间内出现热销或滞销，因此极易受到外界因素的制约，具有很大的不确定性，为计划的统筹组织带来障碍；（2）钢材，特别是板材往往需要不同程度的深加工，成品的最终用户多为制造企业，除建筑用钢外，绝大多数产品不能直接使用，还需经过深加工来满足用户的特殊需求；（3）钢材成品仓储需求量大，由于钢材成品供应与用户生产进度或使用进度存在时间差异，因此无论是在供应商端还是用户端，都会形成大量的仓储需求。如何适应这种状况，关键在于提高快速响应能力、避免物流脱节，做到有效衔接。

钢铁产品销售物流在钢材销售供应链中体现的渠道价值日益显著，越来越多的钢铁企业都将完善销售物流组织模式、增强营销体系保障能力看作提升企业竞争实力的重要组成部分。纵观国内外钢铁企业的发展历程和有益经验，我们在预测钢铁产品销售物流发展趋势时，应从以下 3 个方面进行把握：（1）整合钢铁销售物流渠道，加强以物流仓储及配送为核心的销售物流管理，是今后钢铁产品流通的重点发展方向；（2）建立和完善钢铁成品物流基地，这对实现钢材物流体系的高效运转、提高用户服务水平将起到重要作用；（3）建立完备的信息化平台，这有助于提升钢材销售与物流管理的数字化水平，从而进一步提高销售物流的快速响应能力。

（二）缩短交货期

随着客户对交货周期、产品质量、库存配送等的要求越来越高，企业之间在价格、交货期和服务等领域的竞争日益激烈。相同条件下，谁的工艺快速反应能力强，交货期短，谁就能在激烈的市场竞争中争得主动，赢得市场。

对于钢铁企业自身而言提高交货的准确性，以缩短交货期，这样就可以减少库存的积压和原料的保有量，减少资金的占用。

信息化对于缩短交货期有明显的作用。而对于长流程的制造型企业来说，信息化的有效实施面临着更大的问题，以薄板生产为例，轧辊是很重要的消耗品，新辊表面未经过磨合，参数也很难调到最佳状态，不能轧太薄的东西。磨合期过后，有相当长的稳定期，可以轧高精尖的东西。轧辊寿命快结束的时候，产品的质量也困难。企业需要根据轧辊的生命周期，合理安排要轧的产品类型。另外在一定程度上，交货期的精度和速度同企业内部的优化成本成反向关系的，交货期越短、越精准，就要求企业内部的调度能力越强，需要同时考虑的因素越多，优化难度也越大。因此，在钢铁企业的优化调度中，要把交货期作为约束条件，综合考虑产品数量、设备水平、上游质量水平、库存水平等各个因素，优化整个系统，平衡内部成本及时响应客户要求。

（三）提高定制化生产与服务能力

随着用户需求日益多样化，下游行业对钢铁企业的产品开发能力和工艺快速反应能力提出了高要求。与此同时，技术进步不断加快，快捷、先进的设计开发技术和制造工艺技术以及高效率的工艺装备不断出现，既给激烈竞争中的企业带来了技术进步的巨大压力，又为提高工艺快速反应能力提供了新的途径和技术手段。

例如，2011 年 8 月 18 日，住房和城乡建设部正式公布了《建筑业“十二五”发展规划》（以下简称《规划》）。《规划》提出“十二五”期间建筑产品施工过程的 HRB400，即热轧带肋三级钢筋，以上钢筋用量达到总用量 45%，钢结构工程比例增加。这对建筑钢材的生产厂商是一个机遇，尤其对那些以高质量、高性能、高标准的建筑钢材生产商，同时也是挑战，最先能对市场变化做出反应的，快速能满足市场需求的生产商才能从中获取利润。

钢铁企业要加强自身的市场推广能力，改变过去单纯供应产品的发展模式，加快向技术服务、材料服务转变，借鉴国际知名企业的发展经验，打造“自主品牌”。如浦项已在全球兴建了40余家钢材加工中心，为客户提供定制服务，增强了下游客户快速响应的能力，从而也延伸了价值链，使得浦项钢材进一步增值。

第五节　符合社会规范的生产经营过程

一、符合资源节约、环境保护的相关规范

我国经济的增长在一定程度上还是基于过度压低土地、资源、环境成本而实现的。作为资源密集型产业，钢铁工业一直被认为是能耗污染大户，其能源消耗约为全国总能耗的15%；生产1t钢材，大约需要消耗23t自然资源；废水排放占工业废水总排放量的8.53%，粉尘排放量占我国工业粉尘排放总量的15.18%，固体废弃物排放量占全国工业总排放量的17%。

随着对环境保护越来越重视，资源和能源的成本越来越高，这对于高污染、高能耗、高排放钢铁工业影响甚大。2009年底工信部颁发了《钢铁行业准入办法》，其中产品质量、环境保护、能源消耗和综合利用，工艺与装备等各个方面进行了规范。

2011年发改委和工信部都对“十二五”期间工业节能减排目标的下降设定目标值。在工信部“十二五”工业通信业节能专项规划（征求意见稿）中还规定了烧结、焦化、高炉、电炉的工序能耗，以及达到先进制企业占比。钢铁工业“十二五”发展规划也对吨钢能耗、吨钢耗新水、固废综合利用率，吨钢SO_2排放量等限定了指标。

2011年10月20日国务院发布关于加强环境保护重点工作的意见，明确提出实施有利于环境保护的经济政策，积极推进环境税费改革，研究开征环境保护税；加强主要污染物总量减排具体措施，大力发展环保产业，把环境保护列入各级财政年度预算

并逐步增加投入和其他财税优惠措施。特别针对氮氧化物排放高的现状，对钢铁行业实行 SO_2 排放总量控制。

钢铁行业在应对气候变化方面也有一个巨大的积极作用，那就是帮助人类使用和制造诸如可再生能源、小排量汽车等绿色产品。钢铁在帮助人类构建一个绿色的、可持续性的未来上将发挥至关重要的作用。

未来钢铁企业的生存将面临更加严峻的环境保护、资源和能源的限制，环境友好型、资源集约型的钢铁生产企业才能适应未来发展的需求。从资源的角度来看，钢铁企业将通过适合自身的方式与上游铁矿石、煤炭等企业建立稳定、互惠的合作关系，有的企业甚至会直接涉足上游资源的拓展；从环境的角度来看，从京都议定书到哥本哈根再到班德大会，未来的环境已经不起继续被大量污染和破坏了，社会对钢铁企业的要求只能越来越严格，今后钢铁企业的环保标准和规范也会越来越严格，企业应当提前做好准备，积极进行相关领域的研究和开发。

（一）应用环境保护的技术，开发新的工艺流程

（1）大力采用与企业现状相匹配的节能减排技术，减少能源消耗，降低污染物的排放，降低钢铁企业内日益增长的能源成本。

（2）积极开发新的工艺流程，以减少对资源、能源的依赖。例如传统炼铁技术的熔融还原、电解铁矿石、CCS 在钢铁企业中的应用等。这也可能成为钢铁企业重要的利润源。

浦项在世界范围内首次将 Finex 技术投入商业化运营，引发了钢铁生产流程的革命，从而使自己在与对手的竞争中处于领先。Finex 是一种直接用铁矿石和非炼焦煤冶炼铁水的新工艺，与传统高炉炼铁相比省去了炼焦和粉矿烧结的程序。Finex 设备比传统的高炉便宜了大约 20%，而冶炼成本减 15%。浦项厂的 Finex 试验厂已投入商业化运营，年产量比预计的产能 600kt 高出 200kt，年产能可达到 1250kt。浦项目前正准备在越南、印度

乃至中国推行这一技术。浦项计划在印度奥里萨邦投资120亿美元建设年产能12000kt钢厂，位于越南头顿的冷轧钢厂已经开工，总投资5亿美元，年产能1200kt。其与越南工业轮船总公司合资的耗资45亿美元项目计划于2012年完工。另外，浦项正在对在越南兴建综合钢厂的可行性进行调研。

日本钢铁行业十分重视节能减排新技术开发与储备，针对如何进一步提高资源、能源使用效率，减少污染物排放进行了许多前瞻性的开发。例如日本钢铁联盟开发的新一代炼焦技术，该项目全称“21世纪高产环保超级炼焦炉”，简称为scope21。scope21是由3个基本工序组成的新炼焦技术，即煤的预处理、中低温干馏以及中低温干馏后的焦炭在CDQ中再加热。scope21可以使不适合做炼焦用原料的弱黏结煤的使用比例从20%提高到50%，大幅度节约焦煤资源，与现有焦炉相比生产效率可提高2.4倍，实现节能21%，生产成本降低18%，NO_x降低30%，排尘浓度降到100×10^{-6}以下。

日本不锈钢厂开发完成的“煤炭式熔融还原法”，是一种灰尘在不锈钢厂中的再循环利用技术，对灰尘中高价合金元素和无用尘灰加以分离和还原后，再用于不锈钢水冶炼，可有效地回收镍、铬、铂等贵合金元素。另外日本不锈钢厂的除尘灰再循环利用的一项技术正在研发中，即在冶炼不锈钢水的转炉顶上安装一种热旋式旋转分离装置，利用不同灰尘比例和粒度差异，在高热下从转炉顶上将合金元素加以捕集回收，并在回收和称重后投入下一炉次。其优点是：（1）直接减少炉顶灰尘量25%，从而减少后续灰尘处理量；（2）回收的合金元素直接再投入转炉中，炉温不会降低，损耗也小。

新日铁在环境保护和节能中长期技术发展方面取得了长足进步。对于全球气候变暖，新日铁制订出2030年前的中长期环境保护和能源政策，如图3-9所示。

除了这些技术的应用为本钢铁企业带来的经济效益以及社会效益之外，技术的转让与推广也同样为企业带来高额利润。

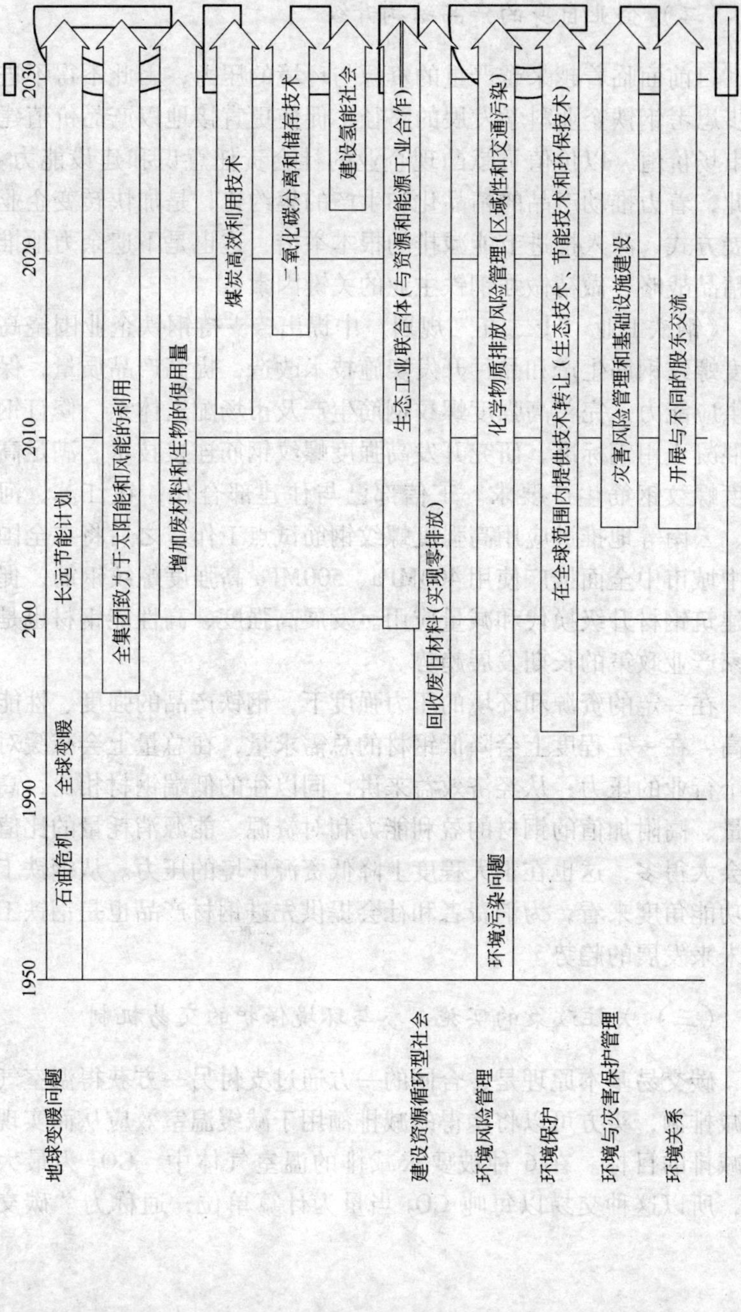

图3-9　新日铁2030年前环境和能源政策路线

（二）企业自身的产品结构升级

目前面临着越来越严重的资源与环境的压力，因此不得不进一步思考钢铁企业科学发展的路径，促使更直接地以产品价值建设市场价值，以价值贡献凸现企业的社会责任意识和建设能力。因此，着力推动产品的精品化和生产的集约化，是加快转变企业发展方式、深入推进节能减排的根本举措，这也是不遗余力地推动精品战略、做精做强钢铁主业的关键因素。

《钢铁工业“十二五”规划》中提出，支持钢铁企业围绕高强度螺纹钢筋生产和品种开发实施技术改造，提高产品质量，保障供应能力，完善高强度螺纹钢筋生产及市场配送体系。修订钢筋混凝土用钢标准，研究开发高强度螺纹钢筋连接技术，满足高强度螺纹钢筋生产要求。工信部已与住建部合作，在江苏、河北、云南等地推进应用高强度螺纹钢筋试点工作，之后将在全国大中城市中全面推广使用400MPa、500MPa高强度螺纹钢筋，促进建筑钢材升级换代和减量应用。发展高强度、高性能钢材也是国家产业政策的长期发展趋势。

在一定的资源和环境的压力强度下，钢铁产品的强度、性能越高，在一定程度上会降低钢材的总需求量，在总量上会减缓对整个行业的压力；从经济效益来讲，同以往的低端钢材相比，高质量、高附加值的钢材的盈利能力和对资源、能源消耗量的比值将会大得多，这也在很大程度上降低资源环境的压力。从钢铁工业功能角度来看，为消费者和社会提供先进钢材产品也是钢铁工业未来发展的趋势。

（三）关注政策的实施，参与环境保护的交易机制

碳交易基本原理是，合同的一方通过支付另一方获得温室气体减排额，买方可以将购得的减排额用于减缓温室效应从而实现其减排的目标。在6种被要求减排的温室气体中，CO_2 为最大宗，所以这种交易以每吨 CO_2 当量为计算单位，通称为“碳交

易”。其交易市场称为碳市场。

2011 年《气候变化绿皮书》指出，“十二五”规划明确提出了“建立完善温室气体排放统计核算制度，逐步建立碳排放交易市场”、“增加森林碳汇”的举措，这是中国政府首次在国家级正式文件中提出建立中国国内碳市场，表明碳交易市场建设已经进入政府工作程序。

国家发改委已经开始制订国内自愿减排管理规则，该规则将会涉及碳交易地点、交易方式、国家认证等方面的内容。北京、重庆、上海、天津、湖北和广东等六省市也将开展碳交易试点工作。

同时，碳排放权交易市场正在各地悄然成立。国内已经挂牌成立的环境权益类交易所已多达 9 家。中国的碳交易所已不少，但在国家层面尚没有设计出清晰可行的碳市场机制，没有一套完整的包括定价、核证在内的制度体系，使得这些交易所的交易都还处于边缘化的状态。一些交易所的主营业务往往是与碳排放权交易关联度不高的“边缘”项目，还有些是涉及低碳的技术转让。

随着碳交易制度的不断完善，碳交易不断发展，占有全国碳排放量 15% 左右的钢铁工业必将在其中扮演重要角色。而对此快速响应的钢铁企业必能抢占先机，变挑战为优势，从低碳的角度出发增强企业的竞争力。

二、符合相关劳动保护、人权保障的法规和思想

随着社会的发展，劳动者权益越来越受到重视，相应的法规制度也逐渐完善。钢铁企业在生产经营过程中，要在遵守相关政策法规、保护劳动者权益的同时，通过对劳动者进行培训，创造良好的企业文化，承担相应的社会责任等方法，可以提高劳动生产率、提升企业形象，进而提高企业的盈利能力。

（一）中国劳动者权益保护的相关法规和相关监督机制

近年来中国劳动者权益保护出台了一系列的法律法规文件，

对劳动者权益的保护内容进行了较为明确的界定，并制定了相应执行方法，同时配套有相关的监督执行机制、媒体监督机制等。

1. 中国劳动者权益保护相关政策的制定和完善

经过多年的发展，我国企业劳动者权益保护的宏观环境有了很大的改观。近15年来，劳动法律体系有了很大的改善，社会保险体系日趋完备，多方协调机制迅速发展，社会监督力量不断增强。

自1994年颁布《劳动法》以来，我国的劳动法律体系日臻完善，基本形成了以《劳动法》为核心、多套法律及规范相配套的多层次的劳动法律体系。这些法律法规对于规范劳动力市场秩序、协调劳动关系、维护劳动者的合法权益发挥了重要作用，并从多个角度和层次为企业履行社会责任、维护劳动者权益提供了法律法规指导。在劳动标准方面的法律及行政规范主要有《安全生产法》、《职业病防治法》、《妇女权益保障法》、《未成年人保护法》、《残疾人保障法》、《女职工劳动保护规定》、《最低工资规定》、《工资集体协商试行办法》、《关于推动企业全面实施新工时制度的通知》、《职工带薪休假条例》、《关于职工工作时间有关问题的复函》等，在劳动关系方面的法律及行政规范主要有《劳动合同法》、《工会法》、《集体合同规定》、《劳动争议处理条例》、《劳动争议调解仲裁法》等，在劳动保障方面的法律及行政规范主要有《就业促进法》、《就业服务与就业管理规定》、《职业教育法》、《工伤保险条例》、《企业年金试行办法》等，在劳动行政方面的政策规范主要有《劳动保障监察条例》、《劳动行政处罚若干规定》等。这些法律体系为构建和谐劳动关系、促进公平正义提供了法律基础。

2007年我国劳动立法工作有了新的突破，“三法一条例”（即《劳动合同法》、《就业促进法》、《劳动争议调解仲裁法》和《职工带薪年休假条例》）的颁布实施，标志着中国劳动立法进入了一个新阶段。这些法律规范的颁布实施为劳动者权益保护和企业履行社会责任提供了更好的法律环境。

2. 相关的倡导和监督机制

在执行劳动保护政策时，相应的倡导和监督机制主要包括以下几方面：（1）劳动保障监察，主要是劳动保障行政机关依法对用人单位遵守劳动保障法律法规的情况进行监督检查，发现和纠正违法行为，并对违法行为依法进行行政处理或行政处罚的行政执法活动。（2）媒体和其他社会组织的倡导与监督，主要从正面宣传和负面披露两个角度进行。从正面宣传来看，一些关注国内全面、持续对企业社会责任的媒体会将劳动者权益保护作为其重点关注对象，同时对于违反国家法律、严重侵犯劳动者合法权益的企业媒体会进行大力的关注。（3）政府等相关组织对企业社会责任运动的倡导，2006 年深圳证券交易所发布实施《上市公司社会责任指引》，鼓励上市公司根据该文件要求建立社会责任制度；2008 年国务院国有资产监督管理委员会发布一号文件《关于中央企业履行社会责任的指导意见》，其中第十八条规定：有条件的企业要定期发布企业社会责任报告或可持续发展报告，公布企业履行社会责任的现状、规划和措施，完善社会责任沟通方式和对话机制，及时了解和回应利益相关者的意见建议，主动接受利益相关者和社会的监督。此外，商务部发布的《外商投资企业履行企业社会责任指引（草案）》，为外资企业在中国履行社会责任设立了底线标准。这些文件都促进了企业股东、员工、消费者等利益相关者的重视，推动企业更好地履行社会责任，推进了我国企业劳动者权益保护宏观环境的改善。

随着社会的进一步发展和大家对劳动者权益的广泛关注，对劳动者权益保护方面将会有更为严厉的政策和更广泛的监督执行机制，在这种情况下，钢铁企业只有顺应这种发展趋势，在及时、有效、规范地保障劳动者权益的基础上进行生产经营活动。

（二）劳动者权益保护也是企业可持续发展的重要指标

在 IISI（世界钢铁工业协会）公布的钢铁企业可持续发展评价指标中，包括环境维度、社会维度和经济维度，将损失工时工伤率和员工培训作为社会维度的二级指标。

雇员的安全和健康是可持续性发展的根本。所有的工伤以及与工作有关的疾病都可以、而且必须避免，雇员安全和健康管理得到保证的企业是让人信任的。在世界各地，工伤事故仍时有发生，但是员工培训和参与对预防事故也是必不可少的。为了防止与工作有关的事故，钢铁企业积极实施安全政策，以改善员工的培训和警觉意识。世界钢协支持其成员公司实现零事故工作场所，世界钢协有专门的安全、健康工作组和称为零事故钢铁生产的手册，这种零工时损失的运营需要各方面运营均达卓越，同时也能产生更好的经营业绩。

知识管理和劳动力从老一代向新一代知识的转移，对于高度依赖专业技术和卓越技能的钢铁行业，也是一个至关重要的问题。钢铁工业正致力于向员工提供进一步受教育和发展自身技能的机会，这不仅可以提高工作质量和效率，同时也能提高员工的满意度。世界各地的钢铁企业均在进行投资以提供一个良好的工作环境为现有的或将来的雇员创造机会，另外，改善工作、生活平衡，并减轻与健康有关的工作压力能吸引更优秀的人才到钢铁企业的同时，还能提高健康水平和更少的工伤事故。

（三）中国钢铁工业劳动者生产效率分析

在之前完成的《我国钢铁工业生产要素构成现状发展趋势及宝钢对策分析》的报告中，得出结论，我国钢铁工业走的是低工资、低生产率的方式。中国的劳动力成本大幅低于发达国家。中国虽然近几年钢铁工业的劳动生产率持续增长，但是平均劳动生产率仍与发达国家的劳动生产率有着较大的差距。由于中国较大幅度的劳动力成本优势在一定程度上弥补了生产率的差距，使得中国单位产品人力成本较国外水平低。

在未来的发展过程中，随着中国人口老龄化的加剧，刘易斯拐点即将到来，劳动力从过剩到短缺的发展中，中国的劳动力成本会大幅增高；又随着中国劳动者权益保护制度的完善及保障机制的完善，中国的劳动力成本又会一定水平的提高，因此，中国以往的劳动力成本优势则不复存在。

面对逐渐提高的人力成本和较低的生产效率，提高从业人员的素质水平，改善工作环境，提高设备水平，提高劳动者的生产效率是钢铁企业获取长期竞争优势的必然趋势。

第四章

钢铁企业盈利模式变化趋势

受益于国民经济快速发展的拉动，我国钢铁行业迅速壮大。当前，我国已经进入工业化中后期，部分发达地区已经进入了后工业化时代；我国钢铁工业未来发展将由单纯的注重规模和速度的量的概念向绿色、环保等质的可持续转变。

钢铁工业的爆发式增长也带来了一系列的问题，铁矿石等原燃料价格上升或许只是问题的一小部分；资本的逐利性导致钢铁工业盲目扩建、高污染、高能耗的粗放式发展模式使得社会对钢铁的容忍力下降、而国家对官员考核方式的转变也将导致以税收和 GDP 为目标的地方政府发展方向的转变；钢铁工业的过快发展已经透支了行业自身的调整能力，钢铁工业已经成为工业领域盈利能力最差的行业。

展望未来，钢铁工业要健康发展，就必须与社会和谐共存，钢铁企业不仅要进一步提高能源和资源的利用效率，还要承担更多的社会责任；钢铁工业也必须对自身的发展模式进行改革，钢铁企业迫切需要改变当前靠量取胜的盈利模式，钢铁企业应当充分挖掘埋藏于产业链边边角角的价值，并不断开拓新的领域，更好地服务于社会才能更好地被接纳，也才能更好地发展。

为此，结合前边的研究成果，课题组提出了钢铁企业适应未来社会需求的盈利模式。

第一节　盈利模式的内涵

目前，国内外学者大多数文献都只是对盈利模式所包含的内容以及应满足的条件进行了说明。虽然对盈利模式的定义非常的多，但是从定义侧重的角度出发，本文将盈利模式的定义整理为三大方面的内容，分别是：从系统性角度定义，从价值角度定义，以及从商业模式角度定义。

从系统性角度对盈利模式的定义，将盈利模式看成是一个有机的系统，注重盈利模式各组成要素的相互联系，相互作用。美国埃森哲咨询公司就认为，盈利模式至少要满足两个必要条件：（1）盈利模式必须是一个整体，有一定结构，而不仅仅是一个单一的组成因素；（2）盈利模式的组成部分之间必须有内在联系，这个内在联系把各组成部分有机地关联起来，它们相互支持，共同作用，形成一个良性的循环。在这两个条件基础之上，Linder 和 Cantren 认为，盈利模式是创造价值组织的核心逻辑，是一个通过一系列业务过程创造价值的商业系统。同时，中国学者阎峰认为盈利模式通常是指企业在市场竞争中逐步形成的企业特有的赖以盈利的商务结构及业务结构特征，它以发现行业利润区为基础，以高利润区的持久停留为目标，通过对包括技术、产品和服务、供销渠道、顾客、声誉、资本、品牌等在内的企业资产的系统配置，发展相应的经营业务和经营理念；同时盈利模式强调具体的方法和技巧，具有鲜明的操作导向。由此可见，盈利模式是一个复杂的系统体系，由多部分共同组成，各组成部分相互之间有机的关联，形成一个逻辑整体。

从价值角度对盈利模式的定义，是来源于价值链理论，注重企业价值流活动，以创造企业价值为盈利模式的首要任务。琼·玛格丽塔和南·斯通就认为，盈利模式就是指一个企业如何通过创造价值，为自己的客户和维持企业正常运转的所有参与者服务的一系列设想。更为具体地，Alexander Osterwalder 和 Yves Pigneur 把盈利模式定义为一个公司提供给一个或几个细分顾客和公司架构体系及合作伙伴网络的价值，公司创造、营销和传递这些价值和关系资本是为了产生盈利性的可持续的收益流。由此可知，盈利模式注重强调企业活动中的价值流向，并把创造价值作为盈利模式所要达到的目标。

除此之外，部分学者从商业模式的角度定义了盈利模式，他们认为商业模式实质上就是盈利模式。从企业运营的角度切入，Hawkins 则将商业模式描述为企业与其向市场提供的产品和服务之间的商业关系，认为商业模式界定了一种可行的成本/收入结构，使公司可以凭借自身的收入生存。由此可见，Hawkins 对商业模式的定义是从盈利角度出发的。瑞士洛桑大学学者马格利·杜波森等人认为，商业模式是企业为了进行价值创造、价值营销和价值提供所形成的企业结构及其合作伙伴网络，以产生有利可图且得以维持收益流的客户关系资本。这一定义实际上是从价值角度定义了商业模式，这和从价值角度定义盈利模式有一定的相似之处。我国著名经济学家樊纲简明扼要的提出“赚钱了才是商业模式”，直接提出了商业模式实质上就是获取利润的模式。这些学者的论述虽是对商业模式的描述，但都明显地从企业盈利的角度出发，表明了他们认为商业模式跟盈利模式是一致的观点。

综上三方面的定义，本书结合从系统性角度出发对盈利模式的定义，认为盈利模式是企业为了应对复杂多变的商业环境在市场竞争中形成的赖以盈利的结构体系，它是指企业将技术、产品和服务、供销渠道、顾客、声誉、资本、品牌等在内的企业资产有机整合后探求企业利润来源、生成过程和产出方式的系统方法，在寻找到新的盈利增长点的基础上，发展相应的经营业务和经营理念。

第二节　钢铁企业的盈利模式架构

一、基于构成要素的钢铁企业盈利模式分解

尽管对于盈利模式的定义有很多不同的描述，但是对于盈利模式的构成要素，很多企业由于在实践探索中有了较为明晰的认识，形成了相对一致的意见。对于盈利模式的构成要素，主要有两方面的观点：（1）认为盈利模式都可以归结为“1 个核心、4

个基本点”。其二，认为赢利模式的核心主要包括利润源、利润点、利润杠杆、利润屏障四大要素，几乎所有企业的利润模式都是以某一个或两个要素为核心的各要素不同形式的组合。两种观点的具体内容见表4－1。

表4－1　盈利模式构成要素的两种观点

两种构成要素的划分	构成要素的具体内容
1个核心、4个基本点	一个核心：就是价值创造活动，向客户提供什么样的价值，向哪些用户提供价值，如何提供这些价值，能够提供价值的关键活动有哪些，收入来源有哪些，如何保持优势等
	盈利增长点：指企业可以获取利润的产品或服务，解决的是向用户提供什么样的价值，然后从哪些渠道获取利润，有哪些收入来源的问题； 盈利的对象：指企业提供的商品或服务的购买者和使用者群体，他们是企业盈利的唯一源泉，盈利的对象解决的是向哪些用户提供价值的问题； 盈利的措施：企业生产产品或服务以及吸引客户购买和使用企业产品或服务的一系列经营活动； 盈利的屏障：指企业为防止竞争者掠夺本企业的利润而采取的防范措施
四大要素	利润源：指企业提供的商品或服务的购买者和使用者群体，利润源是指企业提供的商品或服务的购买者和使用者群体，好的企业利润源，一是要有足够的规模；二是企业要对利润源的需求和偏好有比较深的认识和了解；三是企业在挖掘利润源时与竞争者比较而言有一定的竞争优势； 利润点：指企业可以获取利润的产品或服务，好的利润点一是要针对明确客户的清晰的需求偏好；二要为构成利润源的客户创造价值，三要为企业创造价值，有些企业有些产品和服务或者缺乏利润源的针对性，或者根本不创造利润； 利润杠杆：指企业生产产品或服务以及吸引客户购买和使用企业产品或服务的一系列业务活动，利润杠杆反映的是企业的一部分投入； 利润屏障：指企业为防止竞争者掠夺本企业的利润而采取的防范措施，它与利润杠杆同样表现为企业投入

由此可以看出，这两种观点只是在划分的形式上有所不同，每一个要素所包含的实质内容却是相同的。在此对钢铁企业盈利

模式的研究将选取更为完整的"1个核心、4个基本点"这一盈利模式要素构成的形式。从盈利模式的构成要素可以看出，盈利模式实际上是由四方面的内容共同组成，彼此之间相互影响，要想设计1个适合企业的盈利模式就必须对这四要素有深入全面的分析，因为它能反映企业创造了哪些价值，企业的哪些活动是价值创造的关键。总的来说，要想分析企业的盈利模式，构成要素中体现的问题都是需要解答的。

本书参照国内外学者对盈利模式构成要素的研究，在"1个核心、4个基本点"这一理论框架基础上，对钢铁企业盈利模式的构成要素进行更进一步的划分，以便从构成要素方面入手，分析钢铁企业盈利模式未来发展的变化趋势。具体内容见表4-2。

表4-2 钢铁企业盈利模式构成要素的具体内容

盈利模式构成要素	主要内容	钢铁企业的具体内容
价值创造	创造什么价值，怎样创造价值，向哪些客户创造价值	钢铁企业为下游用户提供各种用途钢铁制品； 钢铁企业提供的服务； 钢铁企业为相关其他行业提供钢铁生产过程中的废弃物。
盈利增长点	获利渠道，收入来源	降低成本,扩大业务范围,专业化生产等
盈利的对象	目标客户	汽车，石化，家电，装备，机械和建筑类企业等
盈利的措施	产品、服务以及提高产品和服务的经营活动	各类钢铁产品，生产中的废弃物，以及相关服务。
盈利的屏障	对竞争者的防范措施	产业链一体化战略,企业兼并重组,设备更新,技术创新,企业信息化,管理创新等

由表4-2可以看出，钢铁企业属于传统行业，但价值链较长，钢铁企业的价值创造活动相对来说比较丰富，在未来钢铁企业盈利模式的发展过程中可以进一步丰富钢铁企业价值创造活

动，积极发掘潜在的价值创造活动，为企业赢得更多的利益。另外，钢铁企业的盈利对象都属于国家经济发展中的支柱产业，经济地位都较高，企业实力整体水平较高，因此钢铁企业应该多多与它们沟通交流，建立合作联盟的关系。在现阶段，我国钢铁企业对盈利屏障的重视度较高，在国家宏观政策的引导下，开始积极寻求并努力完善有效的盈利屏障。

二、基于功能视角的钢铁企业盈利模式分解

钢铁工业是中国重要的基础工业，钢铁产品是国民经济各部门发展都必不可少的基本材料，钢铁工业是否能够稳定地发展，关系着中国整个国民经济的持续和协调发展。自 1996 年中国钢产量首次突破亿吨，从此我国成为世界第一大产钢国，中国钢铁业在世界上已占据了重要的地位。

现阶段钢铁行业逐渐重视制造业服务化转型，开始了信息化低碳化的发展，并将技术创新，管理创新纳入钢铁企业发展的必须手段，同时钢铁产业链的利润也开始重新分配与转移，我国钢铁企业也在试图扩大自己的服务范围，积极与下游企业建立合作同盟的关系，企业的赢利点也从单一渠道向多方位扩散。在铁矿石资源方面，我国铁矿资源的对外依存度逐年增加，处于被动地位，我国钢铁企业也意识到了这一点，开始了产业纵向一体化的战略。在这样的大背景下，钢铁企业开始关注自己的盈利模式，并要寻求一种合适的盈利模式来提高企业的竞争力。只有转变我国钢铁行业盈利模式，适应我国产业结构升级的需求，才能提高我国钢铁行业的竞争力，促进中国特色新型工业化道路的建设。

著名管理学大师彼得 · F · 德鲁克提出，当今企业之间的竞争，不是产品之间的竞争，而是商业模式之间的竞争。对于现代企业而言，为了应对这样千变万化的外部市场环境，提升企业的核心竞争力，寻求一种适应市场发展变化的盈利模式显得至关重要。尽管现代学术界对盈利模式研究成果颇丰，但是很少有学者研究钢铁企业这一传统行业的盈利模式。

本书研究钢铁工业价值体系重构与钢铁企业盈利模式变化趋势是基于钢铁企业未来仍以钢铁为发展主业的基础上展开，即企业如何在以钢铁为核心来提高盈利能力。

与前一节构成要素的分析不同，本节将分析钢铁产品及钢铁生产过程中能够为社会提供的功能来进行分解，从钢铁的材料功能、能源转换功能和社会废弃物的资源再利用功能等视角来挖掘钢铁企业未来盈利模式的发展趋势。未来钢铁企业盈利模式细分如图 4－1 所示。

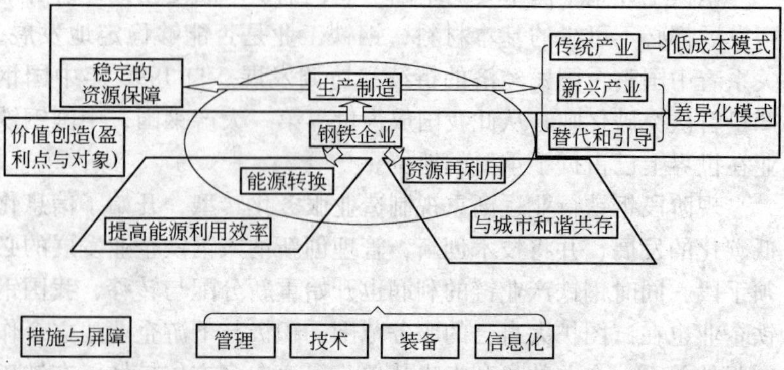

图 4－1　未来钢铁企业盈利模式细分图

结合本章第一节盈利模式的内涵和钢铁企业运行特性，报告构建了若干未来钢铁企业的盈利模式。

第三节　钢铁企业的盈利模式发展趋势分析

一、基于产业链视角的盈利模式分析

在国内外的研究中，大多数对于企业盈利模式的研究都是以产业链为核心的价值增值上进行的。分析产业链上价值可以让企业清晰地定位自己在产业链上的位置，随着外部环境和企业自身产业链联系的变化，企业也必须根据不同的情况对产业链进行管理和整合。通过对信息流、实物流、资金流、服务流和知识流的控制与协调，优化企业核心业务流程、降低企业组织和经营成本、提升企业的综合竞争能力，将跨企业的业务运作连接在一起，实现产业链中各企业间的无缝对接，以期最佳的利用市场机会的一种运作模式。

我国钢铁行业已经由成长期向成熟期过渡，以量取胜已成为过去时，企业只有不断挖掘原有产业链上“被遗忘”的价值，才能不断提高自身盈利能力和竞争力。对于钢铁企业来说，产业链的构建在于后向一体化的上游资源领域拓展和前向一体化的下游用钢行业延伸。

（一）前向一体的产业链延伸：低成本战略

钢铁行业的上游主要是铁矿石和煤炭，向资源领域拓展将是我国钢铁企业所必需的战略选择。当然，拓展并非钢铁企业直接去开矿，可以有参股、合作等多种方式。产业链后向一体化战略可以让钢铁工业的利润点由制造流程向上游资源转移，这需要积极与全球矿业公司合作，寻找优良矿源。

在未来的发展中，如何选择上游企业则是应该首要考虑的环节，总的来说应该从质量、可靠性、能力、财务能力等方面考虑，上游企业应该拥有可利用的核心竞争力和相同企业价值观及战略思想。在选择合适的上游企业基础上，进而与之建立战略联盟的关系，与上游企业进行价值链再造，以降低原材料的供应成本，从而降低企业的采购成本。还可以采用更加信息化的联系方式，以达成上游企业与钢铁企业价值的合理对接，减少沟通成本。由国内外许多大型钢铁企业已经实行的后向一体化战略可以看到，这一方法对于节约钢铁企业的成本是非常有效的。因此，在未来的发展中，钢铁企业的后向一体化战略将会贯穿企业发展始终，这是钢铁企业实行低成本战略的重要一环。

(二) 后向一体的产业链延伸：差异化战略

在钢铁行业供给不足成为历史以后，下游客户的价值将成为企业生存之本，这就要求钢铁企业在未来的发展道路上重新审视自己的发展战略，从客户的角度来看待产业链的延伸，注重核心忠诚客户的培育，这是企业实现差异化战略的有效方式。以下游客户价值为核心，可以有两种模式：

(1) 以传统产业为价值取向的低成本战略（这里低成本战略概念下的传统产业主要指原来量大面广的行业普通用钢），即以从上游资源到企业生产再到下游客户的产业链上成本下降为核心的发展战略；

(2) 以新兴产业和钢铁材料替代为发展模式的差异化战略，这是未来先进钢铁企业盈利重点；因为新兴产业是钢铁需求新的领域，也是新的盈利增长点，而钢铁材料的替代也是企业挖掘更多的客户数量和价值的重点目标，新领域的进入将带来更多的利润，是企业实行差异化发展模式的方向。为了更好地参与这些高附加值市场的竞争，全球主要钢铁企业已经实施下列战略，即：提高生产高附加值钢材钢厂的生产能力；收购或新建钢材加工服务中心，构建加工服务中心网；加大新产品研发力度（如汽车用钢和管线钢）；与其他国家钢铁企业合作，进入当地高附加值市场；定制提供钢材用户所需的高附加值产品（汽车拼焊板等）；早期介入下游客户的新产品研发。

住友金属的差异化战略值得借鉴，如图 4－2 所示。公司在面对日本需求逐步放缓的状况。主动加以总量限制，重心转向高端无缝钢管、汽车板、曲轴等不同的产品，放弃低价值普钢方面成本竞争。采用产品差异化战略，配合基于产品服务的服务系统，从而与用户建立起长期、稳定、相互信任的关系。

若抛开低成本和差异化战略的下游客户属性，从钢铁企业未来盈利点的视角来看，可以考虑以下看似传统，但是企业盈利增长点的价值取向。

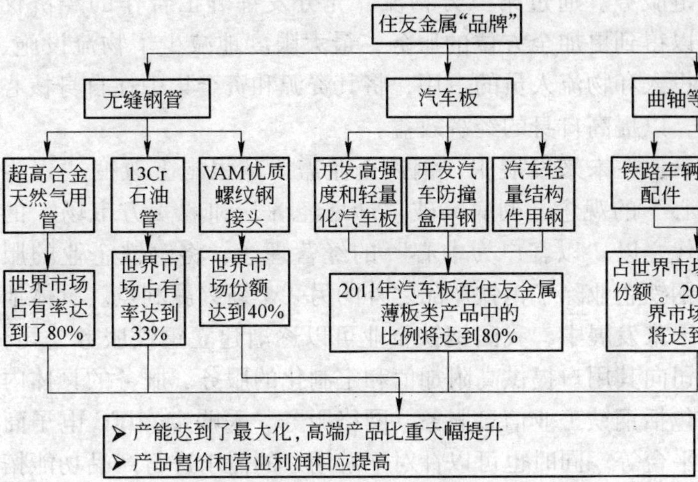

图 4－2　住友金属差异化竞争策略

首先应该构建现代化营销体系，以客户为导向要求国内钢铁企业的钢材营销能够围绕客户需求，提供多品种供应，通过帮助客户建立库存的方式，提供整体供应链服务等，进而实现钢铁企业和客户之间的信息共享。通过建立现代营销体系，可以构建企业与客户之间更加高效便捷的信息沟通渠道，极大提高信息的传播速度，快速搜集、整理和分析客户的信息，对客户进行差异化分析和个性化管理，实施“一对一”营销，满足客户的个性化需求，也可以提高运作效率，降低信息不对称产生的高额成本。

其次还应该建立现代化加工配送中心，推进钢材加工配送网上操作，加大开发现代网络交易平台，加强客户服务管理。其次还可以开展第三方物流，目前很多钢铁企业在国内的物流体系尚未形成规模、管理水平比较低、地区覆盖范围较小。在产品供应中仍然需要与多家仓储、物流配送服务商发生业务。现代化的第三方物流企业具有雄厚的物流基础设施、先进的物流信息平台以及丰富的物流管理和运作经验。钢铁企业在未来可以针对客户的个性化需求，有效整合第三方物流企业，为客户提供更加个性化的供应链服务。通过第三方物流，充分发挥分工合作的经济优势，可以得到更加全方位的服务，最大限度地减少了物流设施、设备的投入和物流人员的占用，将其资源和资金集中在自身核心业务上，以提高自身的经济效益。

最后，在未来发展中，钢铁企业需要从根本上改变“以生产为中心”的观念，彻底突破“计划经济”和“卖方市场”的束缚，代之以“以客户为中心”的经营理念，将钢铁企业的服务作为钢铁企业除了钢铁产品之外的另一个新兴赢利点。具体地说，在未来发展中，我国钢铁企业可以逐渐建立钢铁服务公司，这些公司向其用户提供高附加值和定制化的服务。服务的具体内容可以包括钢铁工业信息服务、网络服务、采购宝、IEC 电子商务采购平台等。同时也可以针对下游用户的需求进行产品功能拓展，发展故障诊断、远程咨询、专业维修、在线商店、位置服务等新型服务形态。

二、基于能源转换和资源再利用视角的盈利模式分析

20 世纪是经济大发展的世纪。然而，无节制地使用资源、能源来进行大量生产，不顾后果地大量消费以及混乱无序的大量废弃使 20 世纪以来环境日趋恶化。钢铁工业对环境造成不同层次、不同程度的影响，引起社会的、法律的关注。人们渴望在新世纪内构筑一个符合可持续发展战略的钢铁工业。

随着社会发展和科学技术的进步，钢铁工业市场竞争力的内涵不断演变，现在已经不仅是质量、价格的竞争，更不是品种、质量为中心的竞争，而是包括有价格/成本、质量/品种、资本回收时间、产品供货时间、过程服务、环境友好等多方面、多因素的综合竞争。

除了以提供钢铁产品为目标的材料功能外，钢铁企业还能够从能源节约和资源综合利用等方面来重新审视企业生存的价值所在，从这些方面也可以进一步降低企业生产成本、开发市场空

间，达到提高企业盈利水平的目的。

可持续发展是市场竞争力在更深层次上的反映。可持续发展强调的是经济发展和环境保护、环境友好的协调发展。我国钢铁企业未来可持续发展的主要包括：

（1）环境保护与经济发展相互依赖、相互协调；

（2）改变传统生产形式、消费方式和废弃方式，由环境保护发展为环境友好。

在未来两型社会体系中，钢厂将逐步演变为两种典型的模式：都市周边型钢厂和生态工业带钢厂。

（1）都市周边型钢厂：这类钢厂将充分利用都市及其周边地区的资源、能源、产生的废弃物，如各类废钢等，发展以电炉流程为特点的短流程小钢厂。在发展中国家也不排除利用铁矿/煤炭资源的中、小联合企业。这类钢厂的产品在一个合理的销售半径内销售，同时也可以兼顾处理一些城市废弃物、垃圾等功能。

（2）生态工业带钢厂：这类钢厂将主要存在于某些落后地区或某些资源富集地区。这将是大型钢铁联合企业、水泥厂、发电厂、钢结构或造船厂、汽车厂甚至石油化工企业的综合工业态链的集中地区。在这个生态工业带里绿色制造的概念得到充分的体现。

当然，无论是都市周边型钢厂还是生态工业带钢厂，都将采用紧凑化—准连续化—专业化的工艺流程，采用集物质/能源转化和信息转化于一体的先进制造技术，增强其市场竞争力和环境价值。

除此之外，从宏观上来看，可以借鉴国外先进钢铁企业POSCO的绿色商务这一发展体系，见图4－3，引导自身发展成为资源节约型，环境友好型企业。正是由于POSCO采取了发展绿色循环经济模式的盈利屏障，其能源利用效率大幅度增加，并且减少了对环境的危害，不仅提高了企业自身的经济效益，同时对社会也做出了贡献，为企业的长远发展奠定了基础。这一点，

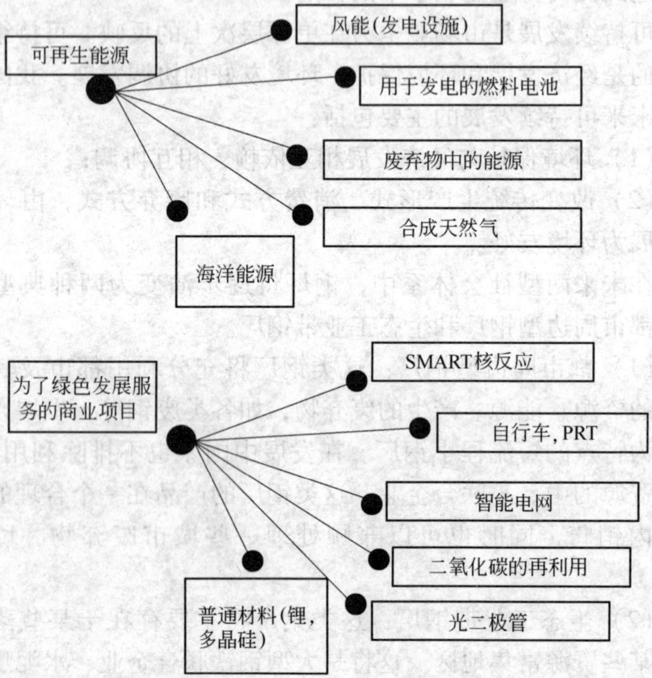

图 4－3　POSCO 绿色商务发展图

在我国钢铁企业未来的发展中是值得借鉴和学习的。

三、基于技术创新视角的盈利模式分析

在技术创新方面，未来钢铁企业应关注新技术的创新点在哪里，起到了什么样的引领作用及今后的发展前景怎么样。此外，许多重大研发项目都不是独立承担的，而应该是与其外部研发机构或国外知名研发组织共同合作完成的，比如浦项与奥钢联合作开发的创新性 FINEX 技术、薄带铸轧技术以及刚刚与日本 MH（三菱－日立）合作开发出的无头轧制固态连接新技术，就是这一成功事例的佐证。未来钢铁企业基于技术创新视角的盈利模式应以以下关注点展开：

（1）以技术创新为企业生存之本的发展模式（注重保持企业在全球处于领先水平的可持续发展）。国外钢铁企业将研发提高到了战略层次，而不仅限于小范围的技术创新，开发的大都是前沿技术和产品，目的是期望未来可以在世界钢铁市场上居于主导地位。具体如，浦项著名的 FINEX 技术、API 管线钢批量生产技术、无铬钢板、新一代涂镀工艺等；新日铁的新一代钢板加速冷却法、住友金属的 X100 和 X120 超高强度大直径焊接钢管、JFE 的高炉中废塑料再资源化技术等；德国蒂森·克虏伯的激光焊接技术、汽车用高强钢等；巴西矿冶公司（CBMM）积极推广使用的汽车用铌微合金化薄钢板，欧美国家一流的电炉钢生产技术等。

（2）重视合作创新，提高研发效率的模式。钢铁工业作为国民经济的支柱产业，经过了 20 世纪的跨越式大发展后，仍显示出了蓬勃的生机和活力，Corex 技术、带钢直接浇铸技术、高强度汽车用钢以及许多新型涂层产品等新工艺、新产品的研制层出不穷。为了保持与竞争对手和替代材料的竞争优势，世界主要钢铁企业都拥有自己的研发团队积极开展研发项目，努力巩固市场份额。合作创新逐渐成为优秀钢铁企业提高研发效率的重要途径。

（3）以技术创新为提高企业盈利水平的发展模式（注重企业当前整体盈利水平的模式）。在细分领域的技术创新可以创造某种产品阶段性的短缺。技术壁垒可以在一定时期内阻挡市场新进入者的脚步。在此领域内，企业可以摆脱成本侧的激烈竞争，获得超额利润。另外，对利润增长的弹性还需要满足该产品占公司产品中的高比重，因为即使单体利润较高，如果没有量的配合，也很难对企业整体盈利能力提供有效支持。如同很多实验室产品，因为市场有限，缺乏量产的机会，实际价值并不突出。住友以差异化竞争为目标，以产品差异化和服务差异化为手段，大力开发主导产品的技术能力，保持和提高企业盈利水平的发展模式值得借鉴，见图 4－4。

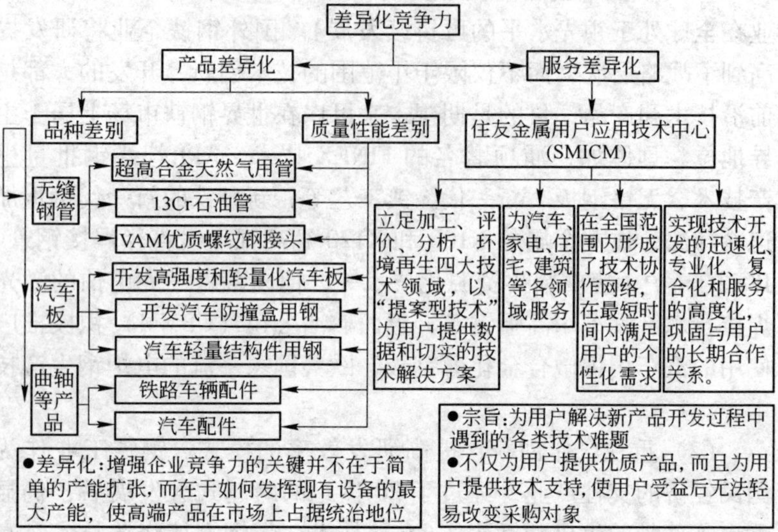

图 4－4 住友以技术创新为核心的竞争力提升战略

四、基于全球视野的国际化盈利模式

当今国际领先的钢铁企业几乎都实现了国际化。从产业链的视角来看，国际化不仅包括上游的外部资源保障，也包括将企业的生产中心建在国外，还包括将最终产品在国外销售；而研发中心和钢材加工中心的国际化或许是企业更高级的全球化发展模式。

我国钢铁企业的国际化目前还局限于发展上游铁矿石资源方面，上游煤炭的开发利用还止步于国内市场，近几年我国焦煤进口激增，而随着高炉大型化的不断发展，煤炭市场的全球化采购也有可能步铁矿石的后尘。钢铁企业加强海外资源保障体系的建立，可以稳定资源供应水平；也可以钝化价格大幅波动给企业带来的负面影响，为企业可持续发展提供资源保障。

印度、越南等新兴市场已经成为国外先进钢铁企业新的发展目标，我国企业在海外建厂方面还未见完全成功的案例。毋庸置疑，在国内市场饱和的情况下，走出去将是企业进一步提高产品供应能力、扩大销售群体、增强盈利水平的有效方式，今后几十年我国钢铁企业的生产国际化必将加速进行，企业盈利模式也不仅仅局限于国内市场，有可能出现国内国外两个盈利点的发展模式。

在海外下游市场拓展方面，我国钢铁企业还仅仅停留在产品以价取胜的简单销售阶段，这是远远不够的；随着国内生产成本的逐步上升，低成本模式将遭受越来越多的抵制；海外客户追随战略很可能成为我国钢铁企业走出去的引擎，蒂森、新日铁、JFE 等围绕国内汽车企业的布点就是成功的佐证。

总之，实施国际化经营战略，提升国际化经营能力和水平是做强做优钢铁企业、培育世界一流企业的趋势。加快“走出去”步伐，应积极开展海外业务，提升国际市场份额，优化产业链和价值链。培养全球化的战略思维和开放视野，立足全球配置资本、人才、技术、市场等各类资源，逐步实现战略、运营、管理、文化全球化。深化国际经济技术的交流与合作，掌握国际竞争规则，融入世界钢铁市场。

五、基于无边界企业的盈利模式

为适应经济全球化、信息网络技术和知识经济的挑战与冲击，企业的管理模式不能恪守依据职权划分和层级管理来机械设置管理层次和职能部门的传统模式，而应充分体现组织对环境的适应性和应变力，无边界管理是一种有效的创新，它打破边界、重构企业的管理思路，顺应了企业管理从严格刻板型向渗透扩散型转变这一潮流趋势。尤其对于大企业，实施无边界管理，首先是因为其战略的需要、如追求卓越的目标导向，其次是为了更好地适应外部环境、并需要有与技术相配套的组织结构及管理机制，克服规模与效率的矛盾，使组织更灵活。因此，对于钢铁企业来说，在未来发展中，建立无边界组织形式也将会成为一种趋势。具体地来说，钢铁企业可以从企业内部和外部两个方面来实现企业的无边界组织形式。

（1）消除企业内部的垂直边界，实现组织的扁平化。在企业内部，应该跨越垂直边界，实现组织的扁平化。首先应该将权力分散化，使下属有一定程度的自主权，决策由直接对事实的结果负责的那些员工做出，这既增加了员工的参与度，又缩短了从决策到执行的时间，并提高决策的准确性。这就需要培养员工的领导能力，高度集中的决策方式只要求上层具有较强的决策能力，下层员工只需有狭隘的技术能力即可，分散化的决策方式则要求各个层次的员工都具备与决策相符合的领导能力。这样可以让员工做自己所能够做的工作，而不被等级制度或工作职位描述所限定，也应该非常重视各层次员工包括战略管理等方面的培训与发展。其次，同时还要做到信息共享。因为分散化的决策方式要求各个员工拥有足够的信息作为决策的基础，所以无边界组织要求从高层到普通员工之间充分的分享信息，这样员工才会做出与组织的目标和战略一致的决定。这些可以通过 Internet、信息管理系统、ERP 或数据交换系统等计算机网络工具来实现。再次需要建立基于绩效的薪酬体系。在无边界组织中，员工的薪酬主要是以绩效为基础，而不管员工所在组织的层次，较低层次的员工只要绩效突出也能获得较高的报酬。这样员工就能专注于自己业绩的提高，而不一定非要进入组织的管理层，减少了员工追求进入组织上层的动力，从根本上打破了组织的等级。

（2）消除企业内部的水平边界，组建多功能团队。由于各职能部门都依据自身职能的特点行事，往往与其他部门发生矛盾和冲突。无边界组织则要突破各个职能部门之间的边界，真正使计划、生产和销售等各部门连为一体，形成统一的系统。首先，这就需要建立一切以顾客为中心的公司理念。要求各个部门总的目标就是从顾客的角度去理解他们的需要，尽量满足他们的各种需求，并且加强与外部顾客的关系，以顾客的需求作为行动的准则。其次，还应该用一个面孔面对顾客。无论什么时候、什么地点，生产、营销、维修等各职能部门的员工都拥有相同的顾客的信息以及以相同的方式面对顾客，保证在顾客面前，企业是一个可信赖的整体。最后，还可以组建多功能团队。这种团队划分为若干具有相对独立性的单位，以拓展新地区、新领域、新业务为目的，最终达到优化企业的各种资源的运用，增进企业应变能力和提升企业整体竞争能力。在特定目标的基础上，最大限度地集合了多种职能部门。同时，在组建多功能团队的过程中，还应该注意分享知识与经验。因为，在为顾客提供服务时，团队中的每个成员都获得大量的信息，拥有不同的经验和方法。

（3）消除企业外部边界，实现企业集群化，虚拟化经营。在企业的外部，应该跨越外部边界，自由地穿越价值链，企业外部边界是指企业与供应商、顾客、竞争者、政府管制机构、社区等外部环境的分水岭。而无边界组织则可以把外部的围墙推倒，让企业与供应商、顾客、竞争者、政府管制机构、社区等外部环境融合，成为一个创造价值的系统，真正做到为顾客服务。首先，这就需要建立供应链管理，利用管理的计划、组织、指挥、协调、控制和激励职能，对供应链中各个环节所涉及的物流、信息流、资金流、价值流以及业务流进行的合理调控，形成最佳组合，迅速以最小的成本为客户提供最大的附加值。供应链管理使供应链上各企业之间关系变得更加紧密，信息流通更加频繁，边界变得更加模糊。同时，还需要实行战略联盟管理，战略联盟管理是指与其它有着对等经营实力的企业、事业或职能部门，通过签订协议、契约而结成优势相长、风险共担、要素水平式双向或多向流动的松散型组织，以达到共同拥有市场、共同使用资源等战略目标。最后，实现虚拟化经营，虚拟化经营是指企业只保留规模较小，但具有核心竞争能力的部门，而以合同为基础依靠其他组织进行制造、分销、营销或其他业务的经营活动。企业虚拟化经营时，关键要掌握企业的核心功能，周期等其他功能的平衡。如采用虚拟生产、虚拟设计、虚拟销售以及业务外包等形式。

六、基于服务商的盈利模式

服务很可能成为未来钢铁企业重要的盈利点，服务实际上就是要建立“以提高客户满意度为最终目标”的生产销售系统。这就需要与下游产业的积极合作，建立以用户需求为导向的产品开发体系，同时提高销售物流效率，用以提高快速响应能力、避免物流脱节。随着客户对交货周期、产品质量、库存配送等的要求越来越高，在产品同质化的激烈竞争中，企业之间在价格、交货期和服务等领域的竞争日益激烈，交货期普遍缩短。总的来说，应该注重树立现代物流配送经营理念、加强信息系统建设、稳固供需关系、培养高素质管理人才等软实力的提高，建设钢材加工、配送、仓储、运输、销售、信息服务体系，为用户提供规模化、专业化、及时化的 JIT（just in time）服务。

同时，在未来钢铁企业的服务种类也会多种多样，这些多样化的服务方式都是钢铁企业在未来可能的盈利增长点。具体来说，服务的方式可以是技术咨询，钢铁企业在材料技术方面有显著优势，钢铁企业可以提供技术咨询服务，为用户推荐和规划钢材组合方案，同时可以和客户一道开发个性化新钢种。服务的方式也可以是钢材加工，钢铁企业可以自建或联合分销企业共建钢材加工中心，为最终客户提供更贴切的服务。

另外，服务的方式也可以是融资服务，钢铁企业在融资方面有一定优势，可以为分销商、最终客户提供质押、担保等融资服务。另外，还可以建立分销渠道，通过独资、合资、特许经营等形式，建设垂直型分销系统，与客户建立更紧密联系，同时，钢铁企业可以更全面、更准确掌握客户信息，实现研发、生产和营销的“精确打击”。

对于未来钢铁企业来说，在“服务型企业”模式下，制造策略是顾客满意度最大化，需要全面提高“订货周期、订单批量、产品质量、个性化需求”等方面的经营性能，生产节拍和期量标准要尽量和客户的需求同步，“多品种、小批量、准时化”的精益生产方式将得到广泛应用。另外，在“制造型企业”模式下，服务部门是边缘部门，而在未来的发展中，在“服务型企业”模式下，服务部门将成为企业经营的核心部门。服务部门将进行从“以客户投诉处理为中心的被动式服务”向“以客户关怀为中心的主动式服务”、“成本中心”向“利润中心”转变，服务内容也将从单一的“用户异议处理”拓展到涵盖“技术咨询、合作开发、产品加工、物流配送、融资服务”等全方位服务以及各种为客户量身打造的个性化服务，开发新的服务产品、拓展服务营销成为企业经营的重要内容。

参考文献

[1] Linder J, Cantrell S. Changing Business Models: Surveying the Landscape [R]. Accenture Institute for Strategic Change, 2000: 2~3.

[2] Osterwalder A, Pigneur Y. An e-Business Model Ontology for Modeling e-Business [J]. 15th Bled Electronic Commerce Conference, Slovenia, (6), 2002: 17~19.

[3] Olvera C. Benefits of Using Hybrid Business Models Within A Supply Chain [J]. International Journal of Production Economics, 2009, 120 (2): 501~511.

[4] 原毅军，董琨．产业结构的变动与优化：理论解释和定量分析 [M]．大连：大连理工大学出版社，2008.

[5] 龚仰军，应勤俭．产业结构与产业政策 [M]．北京：立信会计出版社，1999.

[6] 冯飞．培育竞争新优势，推动产业结构调整升级——"十二五"及2020年我国产业结构变动研究 [R]．北京：国务院发展研究中心产业经济研究部，2011：1~2.

[7] 林温环．我国轻重工业产值比重变迁及国际比较 [J]．现代商业，2010 (3)：12.

[8] 李平，吕铁，等．"十二五"时期工业结构调整和优化升级研究 [R]．北京：中国社会科学院工业经济研究所，2009：2~4.

[9] 孙希有．服务型社会的来临 [M]．北京：中国社会科学出版社，2010.

[10] 乔标．生产性服务业：支撑我国制造业转型升级的战略选择 [J]．工业和信息化研究，2010 (5)：11~13.

[11] 邹功达，冯亮．消费不再是美国经济的救世主——三大因素制约美国消费复苏 [EB/OL]．(2009-09-09) [2011-08-02]．http://www.cfachina.org/news.php?id=43158.

[12] 戴彦德．节能目标："十二五"怎样接力"十一五" [J]．资源节约与环保，2011 (1)：16.

[13] 陈佳贵，等．中国工业化进程报告 [M]．北京：社会科学文献出版社，2008.

[14] 中国冶金报．未来5年中国钢铁业将加速产业结构调整 [EB/OL]．(2011-03-30) [2011-08-02]．http://www.sxcoal.com/news/1557049/articlenew.html.

[15] 李贵明．深度分析战略新兴产业对钢铁行业的影响 [EB/OL]．(2010-11-08) [2011-08-02]．中国钢材价格网．http://www.zh818.com/Get/fenxi/2010118201128164.html.

[16] 国家发展和改革委员会．《核电中长期发展规划（2005-2020年）》 [EB/OL]．(2007-11-02) [2011-08-02]．http://www.sdpc.gov.cn/nyjt/nyzy-

wx/t20071102_ 170122. html.

[17] 高雪松. 铁道部:《中长期铁路网规划》调整方案4方面特点[EB/OL]. (2008-11-27)[2011-08-02]. http://www.chinanews.com/cj/cyzh/news/2008/11-27/1465466.html.

[18] 唐茂华. 制造业服务化转型的新动向[J]. 经济界, 2011(3): 64~67.

[19] 王忠禹. 加快企业转型升级、促进经济发展方式转变——在2010年全国企业管理创新大会上的讲话[C]. 以管理创新推动企业战略转型——2010年全国企业管理创新大会资料汇编, 2010.

[20] 刘世锦, 等. 传统与现代之间——增长模式转型与新型工业化道路的选择[M]. 北京: 中国人民大学出版社, 2006.

[21] 蔡昉, 王美艳. 中国工业重新配置与劳动力流动趋势[J]. 中国工业经济, 2009(8): 15~16.

[22] 金碚, 杨丹辉, 等. 国际金融危机冲击下中国工业的反应[J]. 中国工业经济, 2009(5): 17.

[23] 李为. 钢铁企业转型和"服务型企业"建设[J]. 中国钢铁业, 2010(7): 28~29.

[24] Pilat D, Wolfl A. Measuring the Interaction between Manufacturing and Services [R]. STI Working Paper., 2005.

[25] Guerrieri P, Meliciani V. International Competitiveness in Producer Services [R]. Paper presented at the SETI Meeting Rome, 2003.

[26] 李善同, 高传胜, 等. 中国生产者服务业发展与制造业升级[M]. 上海: 三联书店, 2008.

[27] 李毅中. 我国工业和信息化发展的现状与展望[N]. 科技日报, 2009-10-11.

[28] 中共中央办公厅, 国务院办公厅.《2006~2020年国家信息化发展战略》[EB/OL]. (2006-03-19)[2011-08-02]. http://www.gov.cn/gongbao/content/2006/content_ 315999.htm.

[29] 余晓平. 钢铁企业信息化二十年[J]. 互联网周刊, 2003, 11: 53~54.

[30] 国务院信息化工作办公室. 中国信息化发展报告2007[M]. 北京: 电子工业出版社, 2007.

[31] 周仁宏. 信息论[M]. 北京: 人民出版社, 2008.

[32] 曲维枝. 中国特色信息化道路探索[M]. 北京: 电子工业出版社, 2008.

[33] 周仁宏. 信息化在中国的发展[J]. 北京邮电大学学报(社会科学版), 2008, 10(6): 4~8.

[34] 国务院信息化工作办公室. 中国信息年鉴(2007)[M]. 北京: 中国信息年鉴期刊社, 2007.

[35] 路甬祥，诸大建等．中国可持续发展总纲第 20 卷——中国循环经济与可持续发展［M］．北京：科学出版社，2007.
[36] 国家发展和改革委员会宏观经济研究院，我国循环经济发展战略研究课题组．我国循环经济发展战略研究报告［M］．北京：高等教育出版社，2005.
[37] 国际钢铁协会．21 世纪的钢铁（2008－2009 年版）［EB/OL］．http：//www. worldsteel. org.
[38] 窦彬．日韩钢铁行业节能政策及启示［J］．当代经济，2007（8）：81～82.
[39] 戴备军．循环经济实用案例［M］．北京：中国环境科学出版社，2006.
[40] 林涤凡．钢铁企业发展循环经济与实施清洁生产的探讨［J］．企业管理，2006（2）：10～12.
[41] 郑洪波，张树深，等．循环经济与钢铁工业的可持续发展［J］．冶金能源，2006（2）：18～19.
[42] 谷迎春．从资源化角度看中国钢铁企业的国际化经营选择［J］．财经界，2007（1）：10～12.
[44] 徐乐江．中国钢铁业大规模国际化时代将到来［EB/OL］．（2011－09－05）［2011－10－03］．http：//info. jdpj. hc360. com/2011/09/05090624984. html.
[44] 中国钢铁工业协会．中国钢铁统计（2005～2009）．北京：冶金工业出版社，2010.
[45] 殷瑞钰．钢铁制造流程的本质、功能与钢厂未来发展模式［J］．中国科学，2008，38（9）：1365～1377.
[46] 殷瑞钰．冶金流程工程学．北京：冶金工业出版社，2004：392～394.
[47] 殷瑞钰，张寿荣，陆钟武，等．绿色制造与钢铁工业［R］．中国工程院咨询项目报告．2002：10～11.
[48] 殷瑞钰，陆钟武，张春霞，等．钢铁工业生态化模式及其管理和评价体系［R］．国家自然科学基金资助项目．北京：国家自然科学基金重要委员会，2007：13～25.
[49] 殷瑞钰．21 世纪初中国钢铁业发展战略的初步评估［J］．炼钢，2002，18（1）：1～8.
[50] 殷瑞钰．关于新一代钢铁制造流程的命题［J］．上海金属，2006，28（4）：1～5.
[51] 殷瑞钰．节能、清洁生产、绿色制造与钢铁工业的可持续发展［J］．钢铁，2002，37（8）：1～8.
[52] 曹清，徐汝青．中国钢材深加工产业拓展的战略审视［J］．轧钢，2007（6）：1～6.
[53] 刘继国．制造业服务化发展趋势研究［M］．北京：经济科学出版社，2009.
[54] 冯泰文，等．制造与服务的融合：服务型制造［J］．科学研究，2009，27

(6)：837 ~845.
[55] Mattoo A，Rathindran Retal. Measuring Services Trade Liberalization and Its Effect on Economic Growth：An Illustration. Policy Research Working Paper No. 2655. 2001.
[56] 徐宗梅．转变钢材加工配送中心服务模式、延伸钢铁产业链条［J］．中国西部科技，2010，9（23）：14 ~15.
[57] 上海期货交易所．国内外钢铁流通体制比较［EB/OL］．（2009 - 02 - 23）［2011 - 10 - 02］．http：//finance. sina. com. cn/money/future/futuresroll/20090223/10525888622. shtml.
[58] 中国金属材料流通协会．钢铁流通业要创新流通模式、延伸产业链［EB/OL］．（2010 - 10 - 29）［2011 - 10 - 02］．http：//www. cumetal. org. cn/_ d271045267. htm.
[59] 陈湛匀．中国制造业的国际竞争优势极其跨国投资战略［M］．北京：经济管理出版社，2008.